高等职业教育新形态一体化教材

广告材料与工艺

第3版

都蕊 陈启林 编

化学工业出版社

·北京·

内容简介

本书主要包括三大部分内容，第一部分为雕刻工艺和雕刻材料，第二部分为喷绘写真，第三部分为纸媒广告，最后附行业常用的术语和常识。

其中，每一部分内容的前几课重点讲解设备、工艺和材料，后几课为案例示范，展示具体的材料与工艺的效果，总结实践工作经验和各种常见问题的处理方法。

本书适合普通高校视觉传达设计、广告设计与制作、艺术设计等专业师生作为教材使用，也可作为相关专业学习者的培训用书，以及从业者的工作手册。

图书在版编目（CIP）数据

广告材料与工艺 / 都蕊, 陈启林编. -- 3版. -- 北京：化学工业出版社, 2025.1. -- （高等职业教育新形态一体化教材）. -- ISBN 978-7-122-47504-6

Ⅰ. F713.80

中国国家版本馆CIP数据核字第2025ZF5853号

责任编辑：李彦玲　　　　　　　文字编辑：任欣宇
责任校对：宋　夏　　　　　　　装帧设计：梧桐影

出版发行：化学工业出版社
　　　　（北京市东城区青年湖南街13号　邮政编码100011）
印　　装：北京瑞禾彩色印刷有限公司
787mm×1092mm　1/16　印张9　字数201千字
2025年1月北京第3版第1次印刷

购书咨询：010-64518888　　　　售后服务：010-64518899
网　　址：http://www.cip.com.cn

凡购买本书，如有缺损质量问题，本社销售中心负责调换。

定　　价：59.80元　　　　　　　　　　　版权所有　违者必究

前言

在当代设计教育体系中，包豪斯设计学院始终是一盏不灭的明灯。这所创立于1919年的设计教育殿堂，以其"艺术与技术相统一"的核心理念持续影响着全球设计教育范式。包豪斯倡导的"三年技术筑基"教育模式，通过师徒传承制与工坊实践体系，确立了"技术认知是艺术表达基石"的教学逻辑，这一思想精髓在本教材的编撰中希望得到创造性的延续。

我国设计教育创办的设计专业最初叫工艺美术专业，发展到今天，已经分解为以视觉传达为核心概念的多种专业方向，包括包装设计、书籍装帧、环境艺术、装饰艺术、家具设计、工业设计，以及数字化表现等等。

本教材聚焦广告设计实现环节，突破传统材料工艺类教材的知识边界，创新构建"材料认知-工艺技术-生产服务-创意转化"四位一体的内容体系。书中不仅详解了雕刻、喷绘、纸媒等重要广告制作工艺，还具体阐释了亚克力、双色板及复合材料等广告介质的特性，更着重剖析广告产业供应链协同模式，为设计创作者搭建从概念到成品的全流程实现路径。这种将产业思维植入艺术创作的教学设计，可使学习者在掌握基础工艺的同时，培育成本意识与产业化思维。

本次修订秉持"产学融合、动态更新"原则，重点开展三大革新：其一，引入行业领军企业的19个真实项目案例，建立"企业工单-教学项目"转化机制；其二，系统更新新设备、新技术、新工艺，经过近五年的授课检验和对社会实践的再考察，积攒了许多珍贵、难得而有益的新技术资料，现通过修订将上述内容一并融入教材中；其三，修订中不仅增加和更新了部分内容，还对课程顺序、各部分内容量的侧重，乃至题目引导、复习导向，做了较大的改变和调整，形成"任务驱动-项目导向-能力递进"的新型教学逻辑，相信本书会给教学者和学习者提供更加实用的内容。

本教材以教育部《关于全面提高高等职业教育教学质量的若干意见》文件精神为指导，以高职教育艺术设计类专业教学标准及全国最新版规划教材为依据，结合编者多年的教学实践经验概括、总结而成。本书突出实际案例项目教学、任务驱动的特点，强调以工学结合为引领的原则。

尽管编者竭力追求教材的先进性与实用性，但面对广告产业日新月异的变革速度——据统计，全球每年新增广告材料达300余种，工艺技术迭代周期已缩短至8~12个月，我们深知教材内容需要持续进化。恳望各院校师生、行业专家和读者广提意见和建议，共同构建动态更新的知识生态系统。

在这里，还要特别鸣谢沈阳峰川亮化工程有限公司、沈阳蜂快印图文制作有限公司、厦门合兴包装印刷股份有限公司、合众创亚（沈阳）包装有限公司等多家企业，在教材编写过程中，他们毫无保留地分享行业前沿资料与实践案例，助力教材内容紧密贴合行业发展，为学生提供了极具价值的学习素材，在此致以诚挚感谢。

此次修订更新了一部分图片和案例，各章节附二维码，扫码即可访问对应微课视频、企业案例库，工艺参数数据库也同步上线。我们期待这份融合传统工匠精神与智能时代特征的教学成果，能够为培育具有产业化思维的新时代设计人才提供专业支撑，在艺术与技术的永恒对话中续写新的篇章。

都蕊
2024年11月

目录

引言

001　一、关于广告

002　二、关于广告材料与工艺

第一部分　1　雕刻工艺和雕刻材料

第一课　雕刻概述

004　一、广告雕刻概述

006　二、雕刻设备、常用工艺和刀具

013　三、常用雕刻材料

本课小结

拓展实训

第二课　双色板

016　一、关于双色板

017　二、案例：双色板胸牌

024　三、案例：双色板提示牌

025　四、案例：多层双色板装饰画

本课小结

拓展实训

第三课　亚克力

031　一、关于亚克力

033　二、亚克力雕刻广告字的特点

034　三、案例：普通水晶字

036　四、案例：双层彩色亚克力字

037　五、案例：亚克力发光字

038　六、案例：亚克力镶嵌发光字

039　七、案例：亚克力三维雕刻字
040　八、案例：亚克力装饰画
　　　本课小结
　　　拓展实训

第四课　雪弗板与弗龙板

044　一、关于雪弗板和弗龙板
049　二、案例：雪弗板万年历
053　三、案例：雪弗板彩色立体构成
　　　本课小结
　　　拓展实训

第五课　多种雕刻材料的综合制作

056　一、关于综合材料
058　二、案例：幼儿园门牌
060　三、案例：化学元素周期表
064　四、案例：幼儿园照片树
066　五、案例：店仔全手工制作
　　　本课小结
　　　拓展实训

2
第二部分　喷绘写真

第六课　喷绘写真概述

070　一、关于喷绘与写真
071　二、喷绘新技术
073　三、关于分辨率
076　四、喷绘介质
078　五、喷绘机常用规格与类型
　　　本课小结
　　　拓展实训

第七课　喷绘写真文件的制作

083　一、用PS软件制作喷绘文件
090　二、矢量文件转换成位图的技巧
099　三、案例：商用3D立体画制作
　　　本课小结
　　　拓展实训

3 第三部分 纸媒广告

第八课　纸媒广告概述

106　一、什么是纸媒广告
108　二、纸媒广告的分类
110　三、案例：实用标识物料设计过程
　　　本课小结
　　　拓展实训

第九课　纸媒广告设计服务实战

116　一、商场物料
126　二、会议物料
　　　本课小结
　　　拓展实训

135　附　行业认知补遗

136　参考文献

引言

一、关于广告

广告就是通过某种方式将信息传达给尽可能多的公众，传达的媒介叫载体，传达内容的编制叫策划，传达的过程叫广告。这一描述算不上对广告的标准定义，但对即将要讲述的课程却是个较为准确的说明。要讲述广告材料与工艺，就需要定义所要讲述的是哪些广告，包含了哪些广告材料和工艺。

广告的种类很多，生活中到处都有它们的身影，对它们的分类也无法从一而定。比如，可以分为静态广告和动态广告，平面广告和立体广告，商业广告和非商业广告，等等；从技术角度分又有制作类广告、纸媒类广告，以及广播影视、多媒体、快闪、全息影像、搭载嵌入等广告。

从技术层面上，就本书的角度说，大致有制作类广告和纸媒广告两类。制作类广告是指以雕刻、喷绘作为行业代表，加上各种工艺制作，通过画面、文字（包括楼宇环境中的大尺寸立体广告字）等形式表现的实体广告传播物，以及一些工厂化的产成品，如商场中看到的各种广告字、广告画、广告牌，商业街上的各种招牌等。纸媒类广告包括以快速纸印为起点的礼品、书册、旗帜奖牌、会议系列等，因为扩充了该行业群体，而又有形成规模的趋势，服务内容又有了很好的系统规范，在本次修订版中将这部分增加为广告材料与工艺的一个重要部分。

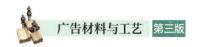

上述一些简略的介绍只为让大家对广告类型有个大致的印象。现代城市中的广告形式难以计数，如大型LED显示屏、路灯广告、橱窗广告、企业宣传册、电脑互联网、手机信息等等。

二、关于广告材料与工艺

广告材料与工艺将着重介绍制作类、纸媒类广告。在我国，以北京、上海、广州、沈阳等较大城市为焦点，每年有至少一次巡回的广告节，又称"四新展"，四新，即新媒体、新技术、新设备、新材料，展会内容是广告设备、材料、工艺和技术等新品展示，本书囊括了其中的常用内容。

从技术与材料的应用角度讲，书中提供了很多实用线索，或许可以帮助创作者少走弯路，即使去找代工，谈判也能变得专业。

本书作为基础教程，无法讲出广告工艺所囊括的所有内容。本书从简单应用开始，把最常用的工艺逐步展开。我们不止希望学习者学会基本技术，更希望学习者学会艺术设计在实践中的应用，学会表现美，学会为美化生活环境展现自己的智慧。所以，本书在大多数课程后面都加入了一些有工艺感的设计制作实例，并讲解了它们的简单实现方式。

这些只是一个起点，本书为读者铺好了一个台阶，实践中还有更多的空间需要开拓。

教学课件

1 第一部分

雕刻工艺和雕刻材料

雕刻是广告成品制作的重要手段，本部分讲述了雕刻设备、工艺和材料，通过大量的实际案例重点介绍常用雕刻材料双色板、亚克力、雪弗板、弗龙板的特点和雕刻文件的制作。

- **知识目标：**

了解广告雕刻的定义、雕刻设备、雕刻工艺、雕刻广告制品，雕刻设备的工作原理和常用刀具，常用雕刻材料的名称、种类、适用性和雕刻文件的制作要求。

- **技能目标：**

能够选择雕刻材料、制作雕刻文件、编写雕刻文件里的说明文字、指导雕刻技师操作、用软件制作供客户判断的产品效果图。

- **素质目标：**

培养工匠精神，养成耐心、细致的工作态度，追求精益求精的工艺品质；提升审美和创新意识，鼓励在传统技法中融入创新思维，探索材料与形式的跨界表达。

第一课　雕刻概述

一、广告雕刻概述

在广告制作行业中,雕刻指利用数控设备——自动雕刻机或手工,雕刻广告所需要的制品,比如直接广告制品、广告图样、广告制品配件等(图1-1~图1-3)。

图1-1　雕刻的广告制品（雪弗板广告字）

图1-2　雕刻的广告图样

图1-3　广告制品配件

数字化自动雕刻应用领域很广,比如生活中常见的家庭木门、实木橱柜门等上面的立体花边花线,多数都可以通过雕刻设备自动完成。在广告应用领域,由于很多应用需要并可以通过电脑和自动化设备完成,因此产生了很多专业用于广告雕刻的材料,比如最常用的雪弗板、亚克力等。随着数字技术的快速发展,在广告制作行业里,各种新技术和新应用也在不断产生,比如喷刻一体设备、多轴全角雕刻设备、立体扫描甚至全息扫描技术等。

下面简单介绍几种雕刻产品。

1. 直接雕刻的广告制品

此类广告制品常见的有立体字,包括在雪弗板、弗龙板、木板、石板、玻璃板等材料上的雕刻。主要是用一定厚度的板材为原料,直接用电脑制作出需要的文字,用相应的雕刻机切割或雕刻文字,经过简单组合就可以使用,有些甚至完全不需要再加工就是广告产品了(图1-4~图1-6)。

图1-4　广告产品（一）

图1-5　广告产品（二）

图1-6　广告产品（三）

也有些立体字因设计师的审美或实际需求而加了套边、倒角、镂空或表面雕花等，更多的后期制作是基于不同颜色的需要。实用材料中很多材料本身具有设计师需要的色彩、质感，但有时需要其他颜色，当材料本身不能满足需要时，可利用电镀、喷烤漆和粘贴等手法改变（图1-7～图1-9）。

图1-7　电镀工艺　　　　　　　图1-8　喷烤漆工艺　　　　　　图1-9　表面贴装饰品

2. 雕刻广告制品图样

在广告应用中，广告图样也有多种形式，简单讲有切割图样（镂空雕刻）、浮雕图样和平刻图样（仅在表面刻划纹理）。其实所谓广告图样也是为方便课程而设计的词汇，图样本身无所谓广告和非广告。视觉的图样多到无法统计，在专业设计领域还会把图样分成传统图样和现代图样，东方图样和西方图样，等等。这些图样在本教材中不作讨论，只需要知道当这些图样应用在广告画面中，并需要数字雕刻机来完成时就成了本教材的话题，那也只需要了解大致有镂空切割和浮雕两种就可以，再多说一点的话就是浮雕加镂空。

广告图样在应用时也可以分成几种方式，一是立体文字的底纹，二是作视觉传达的形象，三是给立体文字作装饰（图1-10～图1-12）。

图1-10　广告图样（一）　　　图1-11　广告图样（二）　　　图1-12　广告图样（三）

3. 雕刻广告制品的配件

大多数广告制品都不是直接雕刻完成的。我们把那些基本上靠雕刻完成全部组件，然后或改色或组合安装即为成品的广告都划作直接雕刻的广告制品。其余的那些既需要依赖雕刻，还需要辅助其他材料和工艺来完成的广告制品就归类到这里，其中比较直观的案例是树脂发光字。树脂发光字是应用非常广泛的一种以亚克力为主体的发光字，它的字面亚克力和底板的金属板是靠雕刻机切割完成的，但这些还组成不了成品字，还需要金属的侧立边来把底板和字面连接成立体的字盒。最重要的一步是要在字面亚克力外浇筑一层有色树脂层，使之成为彩色的、水滴一般的晶亮质感，另外还要配以内部的发光体，晶莹美观的水晶字才完成。从整个程序看，雕刻所完成的是树脂发光字的一部分主体配件（图1-13），而成品字还需要配合其他工艺最终完成。

图1-13　树脂发光字（雕刻机完成字型的亚克力字面和底板）

图1-14　金属造型字（雕刻机切割完成字面的金属板）

图1-15　金属工艺字（雕刻机完成字表面的不锈钢分解字型）

给广告制作完成配件的例子还有精工金属字、LED发光字等。还有很多装饰工艺广告字，雕刻机切割大多都用来完成字面版部分，其他部分是要靠另外的工艺，甚至是手工艺完成，这里，雕刻完成的就可以理解为广告制品的配件（图1-14、图1-15）。

另外还有一些特殊应用，比如图1-16～图1-18所示的视觉装置，它是利用了视觉重叠原理实现图像功能，那些用来实现形象的金属黑条就是数字切割的主要配件。

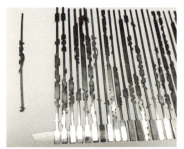
图1-16　视觉装置（一）

图1-17　视觉装置（二）

图1-18　视觉装置（三）

补充一个小观点，通常在讲问题时为了简单明晰、快速传达，常会分类分条，以上内容就分作三条来讲广告雕刻的应用。需要知道的是，并不是必须分三条，更不是只有三条，学习需要发散灵活，从理解到提问到解决，再到新提问，然后再寻求解决，这是研究学习的方法和合理过程。这是句题外话，希望学习者用心体会。

二、雕刻设备、常用工艺和刀具

1. 雕刻设备

（1）从工艺形式角度讲，广告用雕刻设备可以分为两大类，一类是蚀和刻，另一类是切割。两个概念摆在一起，就比较容易理解。**蚀和刻**主要是指在材料表面进行蚀刻加工（图1-19、图1-20），例如在双色板的表面刻出花纹和文字、在木板上刻出花纹浮雕。

那么相对于表面蚀刻，切割就是将平板材料直接雕透，使材料分离的工艺，比如从亚克力板上切割出文字或图形（图1-21）。

图1-19　（激光烧）蚀

图1-20　（机械浮雕）刻

图1-21　（激光）切割

通过图片可以看出，蚀和刻就是在物体表面作文章，而切割是切去不要的部分，成为完全独立的产品。

（2）从技术层面讲，广告用雕刻设备又可以分为机械雕刻、激光雕刻、等离子切割和高压水切割等。

机械雕刻是利用高速旋转的刀具产生雕刻力，利用设备的数控技术实现刀具的平面运动、深度控制，以及具有多向运动能力的立体运动、全向运动等，以此来完成平面雕刻和切割、圆轴体表面雕刻和类似全立体圆雕功能。因此，机械雕刻机又可以分为普通平版雕刻机、三轴和多轴雕刻机、全向立体雕刻机等（图1-22～图1-26）。

图1-22　平版雕刻机

图1-23　多轴平版雕刻机

图1-24　三轴立体雕刻机

图1-25　大型的三轴立体雕刻机

图1-26　全向刀轴全立体雕刻机

平版雕刻机（这里用的是"版"，不是"板"），从机械运动角度讲有两个轴向运动：平台轴的纵向（Y轴）运动和横向（X轴）运动，两向运动构成了二维平面，可以实现在平版二维方向雕刻各种图形曲线。雕刻刀在刀轴控制下垂直控制雕刻深度（相当于Z轴），以实现平雕、浮雕或切割。

多轴平版雕刻机，就是在普通平版雕刻机的基础上，增加若干个雕刻刀头，可以实现同一图形多刀共雕的多效率工作，属于较大型雕刻机上的增设。根据横向刀梁的长度和工作需要，可以有两个、三个或者六个以上刀轴同时工作。

三轴立体雕刻机，是指总运动形式在X、Y轴基础上，增设一组可旋转的物料夹具，一般用在可旋转的物件加工中，如圆柱物体，夹具夹着圆柱体在雕刻工作中依据电脑指令旋转，从而让本来平面二维的雕刻铺在圆柱的表面。三轴雕刻还可以雕刻相对的圆球，如类似核桃形状的物体。配合3D扫描技术，可以雕刻出直立的人像。

上面的多轴指的是多刀具轴，并不是机械运行的多轴，雕刻机本身还只是在X、Y两个轴向上运行，只是由于多个刀轴，可以同时雕刻多个相同的物件。而三轴是指在原来的二维现行基础上，多了一个让被雕刻物体旋转的轴，从而实现概念圆雕工艺（图1-24、图1-25）。

全向刀轴立体雕刻机是一种理论上可以模仿人手的雕刻机，它的刀轴根据设计需要可以如同人的手腕一样实现万向运动，因此可以比拟为智能机器人雕刻机。如此说来，它是可以实现任何人能做到的雕刻工作，理论上说甚至可以通过物体表面打孔并深入到内部再作复杂雕刻。但事实上这是一项非常复杂的设想，因为雕刀需要一组较强的夹具，并且它的"腕"需要多向运行，里面需要很多支持运行的机械，就难以做到很精小。另外，雕刻机的执行数据要实现和人一样的复杂动作，也是需要非常复杂的电脑程序运算才能实现的。实事求是地讲，这一种雕刻机还只是理论上的万向全立体，真正实现理想的作品还需要很多技术和设计支持。从原理上说，与上面的三轴雕刻机相比，这里的全向雕刻其实不需要任何轴向机械运行，它的雕刻刀具就可以和人的手臂一样实现全部动作。但从实用意义上说，一般的立体雕刻从三轴机上也基本可以实现，商业实践中也不需要太过复杂的雕刻机。全向雕刻机技术后台过于复杂，目前无论是材料成本、时间成本和人力成本都过大，在商业生产中还不够实用。

机械雕刻机适应的材料比较多，如木材、雪弗板，乃至一些石材等。但金属、玻璃、陶瓷和比较脆硬的材料，机械雕刻机难以胜任，还有在高速机械刀具下容易产生高温并软化熔化的材料也不适宜，如普通有机玻璃。

激光雕刻是利用高温激光束来完成工艺的。依据激光束的强度，激光雕刻可以实现三种雕刻。第一种是切割，用强力激光束熔化物体，再用高压气体线束喷射，吹开切口，就实现了对板材的切割。激光线可以非常精细，切割时切口小到零点几毫米。第二种是表面蚀刻，用弱的激光束仅烧蚀物体表面形成烧痕。精细的激光线可以在物体表面刻出小到6号字（不到2mm）和精细的图案线。第三种是水晶内雕画，利用激光的可控性，在透明度很好的水晶亚克力注体内部烧蚀出晶亮的气泡点，用数字电脑控制点的位置，就可以雕出内部立体形象，成为精美的工艺品（图1-27～图1-35）。

图1-27　激光机蚀刻双色板

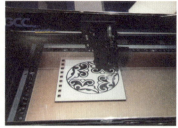
图1-28　激光机蚀刻精装本封面

图1-29　激光机切雕剪纸

图1-30　激光机切割木板

图1-31　激光打标机在小卡片上刻图形文字

图1-32　激光打标机的产品（一）

图1-33　激光打标机的产品（二）

图1-34　内雕水晶工艺品（高透亚克力）（一）

图1-35　内雕水晶工艺品（高透亚克力）（二）

与机械雕刻机相比，激光雕刻机有很多优点。首先，激光雕刻机的噪声很小。机械雕刻机在用刀具雕刻物体时会产生强烈声响，材料越硬，声音越刺耳。激光雕刻机则只有在切割时高压气线会产生气动声音，除此之外差不多就只有机器运行的声音，而小的激光机几乎没有什么噪声。其次，激光雕刻机的切割断面平滑光洁，对于一些厚材料，如透明亚克力板，切割后切割面光亮整洁，这一点是机械雕刻机无法比拟的。最后，机械雕刻机刀具雕刻时会产生大量的碎屑和粉尘，有时还会因为材料的原因有味有毒，空气污染十分严重。较大型的机械雕刻机头上大多要有吸尘装置，通过管道吸入积尘袋中。激光雕刻机基本不会产生碎屑，切割时产生的粉尘也很微弱。但因为有烧蚀过程，也会有一点空气污染，如会有轻微烟雾，有时会由于材料的原因产生有害气体。大功率设备激光头的强光可能会伤眼，操作时需要有保护措施，尤其是一些老式大型激光机会采用惰性气体，在加工中会放出有害烟雾和强光，所以激光设备在工作时需要封闭。

但是，相比机械雕刻机，激光雕刻机只适合对板材的切割和表面烧蚀。而机械雕刻机可以匹配多种形态的刀具，从而实现切面倒角、浮雕、花边雕等（图1-36、图1-37）多种效果，更有全角雕刻机，其具有万向臂，在电脑程序控制下几乎可以完成空间任意形态雕刻，这些都是激光雕刻机难以实现的。

图1-36　花边刀和花边产品效果　　　　图1-37　花边刀的几种边形和产品样式

激光雕刻机适用的材料是一切可以通过高温烧蚀的材料，如金属板、木板、亚克力板等，但对玻璃、陶瓷、石材等不适应。激光机也无法完成浮雕。

等离子切割可以说是专门用来切割金属板的。等离子切割机是靠等离子电弧在被切割的金属板表面产生高温熔化金属，然后靠高压空气或惰性气体线束吹开切口实现对金属板的切割。以往的等离子切割机的耗材是氩气，新式的机器只需要空气即可，没有即时性消耗品和部件，所以更实用。正因为如此，等离子切割机加工成本相对较低，应用很广泛，乃至在某些空间装饰装修中也大量采用，如金属板冲孔等（图1-38、图1-39）。与之相比，激光雕刻机需要有产生激光的大功率激光棒，或称激光管，是有寿命的消耗件，且比较贵。

图1-38　等离子切割机正在切割钢板　　　　图1-39　等离子切割机冲孔钢板

另外，在切割铝板、铜板、不锈钢板材这类难以氧化烧蚀的金属时，等离子切割有强大的优势。但等离子切割机无法完成不能导电的非金属材料的切割，因为高温电弧是靠电极形成的，被切割物体不导电就无法形成电弧，也就无法产生高温。比如陶瓷、玻璃、木材、塑料等均不可，也不能加工厚金属板，一般只针对1mm以下的。

高压水切割是相对较为传统的切割工艺，早在数控设备还不普及的时候，在手动操作切割工具中就有它的身影，如较大型的服装厂，成批布料的衣片裁剪就有使用水剪，它可以轻松剪裁十几层厚的布料，成批量裁剪衣片。高压水剪是利用极细的高压水线，携带微细的金刚砂实现对材料的切割，所以在裁剪堆层布料时布料之间不会窜位，不会散边水线，切口工整，也没有多少机械噪声。

当数控设备普及时，高压水剪工艺也被用在了数控切割头上，从而实现了电脑驱动，自动切割。同时，新技术的加入使得数字水切割机有了超越现有雕刻设备的绝对优势，比如它可以轻松完成对玻璃、石板、陶瓷类板材的切割，切口精细，运行精确，曲直自如，且没有烧痕。在高级家居装修中，水切割机专门用来拼制高级大理石地花，这一功能只有水雕机可以达到。在广告中，使用数字水切割机在石板、玻璃板等材料上雕刻立体文字广告也成为新时尚（图1-40、图1-41）。

图1-40　数字水切割机在切玻璃　　　图1-41　数字水切割机制作的大理石拼花地面

（3）从设备应用体量角度讲，广告雕刻机又可以分为迷你微型、小型、中型、大型和超大型等，其中激光打码机也因其灵巧实用而推广于广告制作中（图1-42～图1-47）。

 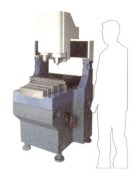 

图1-42　雕刻台面只有30cm宽的迷你雕刻机　　图1-43　80cm宽台面的雕刻机　　图1-44　标准120cm×240cm台面雕刻机

图1-45　大型龙门（台走型）雕刻机　　图1-46　中型激光雕刻机　　图1-47　小型激光打标机

2. 机械雕刻机的常用刀具

从工艺形态方面讲，机械雕刻机有自身的强大优点，几乎可以雕刻所有需要的立体外观，配合各种雕刻的工艺，雕刻刀具也非常多。在平面雕刻时，辅助广告制作的雕刻工艺主要有切割、倒角、平洗、切槽、半透刻、浮雕，以及在特殊雕刻机上进行三维圆雕等。图1-48列举了部分比较典型的雕刻工艺和效果以及配合使用的刀具。

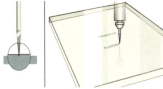
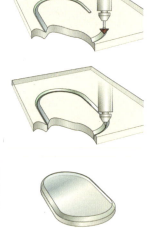

▲ 切割（机械雕，直杆刀具直接切透板材，然后线性运行将板材切开）

▲ 精细刻（机械雕，尖锐的锥形刀头高速旋转雕刻，在板材表面刻出精细的线条、图案和文字）

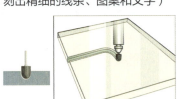

▲ 铣平底槽（机械雕，较粗的平头钻铣刀半切入板材一定深度后线性移动，刻出需要的深度平底槽）

▲ 铣圆底槽（机械雕，较粗的圆头钻铣刀半切入板材一定深度后线性移动，刻出圆弧底的槽）

▲ 三维倒角（机械雕，首先用三角刀头在预定线处雕刻出预定深度的三角槽，然后换刀，用直杆刀延三角槽底线雕透并移动切割，使被雕下的部件带有倒角效果）

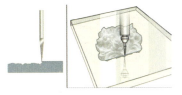

◀ 浮雕（机械雕，通常是圆锥刀，需要预先设计特定的3D文件，在一定厚度的板材表面刻出浮雕图形）

图1-48　典型的雕刻工艺和效果及配合使用的刀具

实现上述雕刻工艺时，在机械雕刻机上，需要有相应的雕刻刀具。图1-49简略展示了各种雕刻刀具的基本样式。

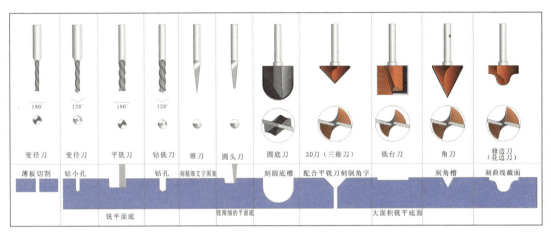

图1-49　各种雕刻刀具的基本样式

三、常用雕刻材料

在广告雕刻应用中，多数广告产品是平板的，所以广告雕刻也以板材居多。通常最广泛使用的雕刻材料有双色板、亚克力、雪弗板、弗龙板等（图1-50～图1-62），以上这些属于比较软质的PVC类，很适合雕刻及切口花边，与之类似的其他板材有木板、密度板等，原本为装饰用的材料。这些板材厚度通常有1～20mm不等。通用板材每张都是1200mm×2400mm，双色板由于每张规格是600mm×1200mm，所以在较大的制作中不常用。广告用的一些金属板如钛金板、不锈钢板、薄铁板等，适合切割来做金属字、造型和字的侧立边，一般厚度都是3mm以下（图1-63、图1-64）。

随着数字设备功能的更新发展，广告应用方式也在出新，包括过去无法完成雕刻的玻璃、陶瓷等，从而让可能成为广告雕刻的材料也几乎没有界限，只要造价成本和使用环境允许，理论上可以让任何材料成为广告雕刻材料，比如铝板、铜板、铝塑板、树脂板、皮革等。

在今天的广告制作领域，大多数的广告制作属于流程性生产。仅针对广告制作而生产的很多材料已经工厂化、专业化，并有了与之匹配的附件材料、辅助工具和辅料，比如配合亚克力导光牌的内光底座、超薄灯箱的装饰框和面板、KT板图版专业的装饰边角框和挂件等，从而让广告制作行业中有了相对专业的广告材料和雕刻材料。

但对于脑洞能量强大的设计师而言，可用材料无限广泛，有时甚至可以自制材料，比如树脂加砂板、装饰用的硅酸钙板、木丝板、欧松板等。

对于常用广告材料的特点和使用将在下面的章节中逐一介绍。

图1-50 双色板小牌

图1-51 双色板刻制版画

图1-52 雪弗板材

图1-53 雪弗板字

图1-54 雪弗板雕花场景

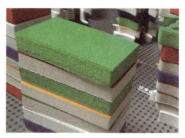
图1-55 弗龙板样本

图1-56 弗龙板字（一）

图1-57 弗龙板字（二）

图1-58 亚克力原料

图1-59 亚克力色片

图1-60 亚克力制品

图1-61 亚克力字（均为两层，底层为透明板，表层为有色板）

图1-62 亚克力（水晶）字

图1-63 不锈钢样本（由左至右依次为黑金、茶金、水蓝拉丝、普通拉丝、玫瑰金、镜面效果）

图1-64 不锈钢样本（包括有钛金、玫瑰金、黑金、茶金等效果）

本课小结

通过本课学习，总体了解了广告雕刻设备和雕刻材料，结合图例，大致对雕刻工艺在广告制作中的应用进行了初步学习。建议结合实践，到对应的制作企业中，看一看它们的真实面貌和工作状态，然后到街上，到商业区、步行街以及商场里，看看它们的产品都用在了哪里。从很小的形象到很大的形象，从可以辨认的材料和可能使用的工艺，到难以辨认的材质和工艺，记录下你的发现和你的问题，下次课中解决。

拓展实训

（1）准备一个厚的笔记本，认真记录下所学习的内容和每阶段遇到的问题。原因一，养成动手习惯，在未来的工作中能够为你的升职空间加分，尤其在比较正式的会议中，手持本子并有记录习惯的人既是对主持者的尊重，也是对会议的重视，同时也展示自己的良好形象。原因二，对于诸如从事设计工作、策划工作等的人来说，在本子上随时画出自己的思路很重要，这比电子设备方便得多。原因三，电子记录无非两种，一种是静态拍照，另一种是音像录制。照片可作补充，但必须配合手写记录，因为静态图片本身没有线索联系。音像记录可作备忘，但不利于复习，因为不方便直接浏览关键词。

（2）在你的本子里把雕刻设备整理出一个适合自己学习的秩序，或从大到小，或从使用功能到适用材料等方面，以便更完整地把握了解现代数字技术在广告制作中的应用。

（3）雕刻设备在实践应用中，其行业界限是难以清晰划分的，用在广告制作中的设备，很多也应用在工业产品中，比如家居木门企业、装饰装修材料制作等。广告产品在制作过程中，其实也是工业生产的一种方式，约等同于工程技术，所以不能完全以之前的艺术或美术的概念思想学习。我们在教学中提出过，艺术设计要加入技术的研究，因为任何形式都离不开材料与技术。当年设计教学的始祖，德国的包豪斯学院创办理念就以技术为支撑，学徒制教学，这是应当秉持的设计观念。

第二课 双色板

一、关于双色板

1. 什么是双色板

从外观看，双色板是一种单面涂有颜色，类似塑料质的薄板。它的本质是某种颜色的ABS板，为本色层；表面通过丝网刮上有色漆烘干，成为表色层，这种具有本色与表色的薄板材料就是双色板的标志特征。双色板易于切割、锯、烫印、弯曲和粘贴，尤其是用于表面雕刻。用机械或激光的方法刻去表色，露出本色，从而实现如同版画一样的效果。

双色板最基础的用法就是利用它的双色性进行设计雕刻，比如一张表面为蓝色、本底为白色的双色板，用刀具刻划表面的蓝色表皮后会如同刻划版画一样露出白色，形成很漂亮的蓝白画面或文字。

而现在雕刻机十分普及，品种规格又多，双色板就如同专门为雕刻机而发明的一样，将所需要的内容，包括图形、文字在电脑上设计好，转换为雕刻机可用的文件，由雕刻机代为实现，十分有效率，这是现代技术的优越之处。

但要注意，双色板，归根结底只是双色而已，如要设计成多种颜色，或有渐变色阶的，在一张双色板上是无法实现的。当然，特殊情况下也会用手绘填色的方法增加色彩效果，或使用多层双色板的层叠来丰富色彩。

双色板原料尺寸一般为600mm×1200mm，厚度约1.5mm，颜色有很多种，还有仿制多种金属、木纹、石料等表面效果，如拉丝金、拉丝银、沙光金、沙光银，以及闪烁的激光效果，还有从背面雕刻的有透明表面的水晶背雕刻板等。图2-1中看见的表面花纹是一层保护膜，用于在运输储存过程中防止划伤表面。

图2-1 双色板原料大小

图2-2是某种品牌双色板的色标卡（局部），上面贴的是双色板实物料块，可以直观看见双色板的样子，每块色样中间都预先雕刻了横向的小条，用来查看雕刻效果。重要的是色块下面的编号，这是设计者与加工程序之间必不可少的沟通信息，设计时不仅设计稿的用色要以色标卡为依据，还要标注与色标卡一致的颜色编号，这是使设计作品得以实现的条件，超出色标卡的颜色是无法直接实现的。

当然，由于双色板的生产并无国家级以上的标准，成品的颜色和编号都是生产者自己的规范。这是一条很重要的信息，说明设计师的设计稿依据了哪一个厂家的色标卡，就只能用哪一家的产品雕刻，换成另一个生产厂家的产品时就要同时换成该产品的色标卡，否则可能会因为标准不一致导致颜色偏差或颜色错误。

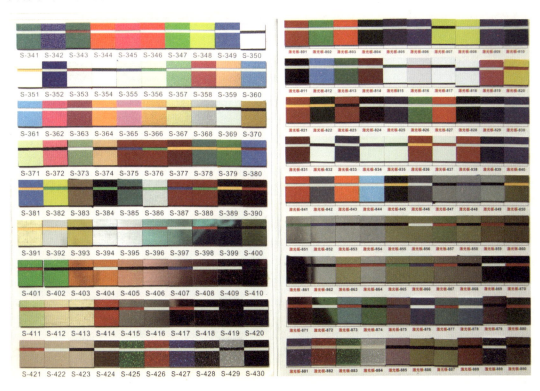

图2-2　某品牌双色板的色标卡（局部）

2. 双色板的种类

双色板有雕刻板和激光板两种类型。雕刻板是专用于机械雕刻机的，而激光板是专门用于激光雕刻机的。

二、案例：双色板胸牌

双色板大多数用来制作各种标牌（图2-3），这一节先从设计一个简单的双色板胸牌开始。

胸牌多用来表示工作身份，如所属单位、职务、编号之类。胸牌的制作可以有多种形式和多种材料，如金属冲模、PVC卡片、滴塑等。这里只说双色板雕刻，其优点是无需批量制作，不用开模，工艺简单，只要一台小型雕刻机，只做一个也可以。

双色胸牌制作的大致流程：在电脑上用CDR软件按照1∶1的比例设计好它的样式，转化成雕刻机可用的文件形式，文件传递给雕刻机后雕刻出标牌主体，在后面用专用胶粘一个小别针，双色板胸牌就制作完成了。用于制作胸牌的小别针可以从广告材料店买到。

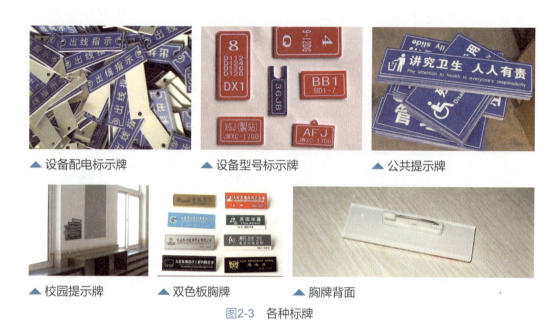

图2-3　各种标牌

电脑设计文件有两种，一种是给客户看的，相当于成品效果图，另一种是工艺文件，它是配合制作端的雕刻机所做的分解文件。这里着重研究的是后者，也是本书的关键环节。

1. 关于效果图的制作

这项工作一般不强调用什么软件，平面设计常用的软件，如PS、CDR、AI都行。也可以用3DMax室内设计软件、Rhinoceros犀牛工业设计软件、Maya动画软件。

图2-4是分别使用PS、CDR、AI三款平面软件制作出的效果图，除了PS可以考虑做一点机理效果之外，其余两款得到的结果区别不大，都能满足客户定稿的需求。

▲PS软件得出的效果　　▲CDR软件得出的效果　　▲AI软件得出的效果

图2-4　PS、CDR、AI制作出的效果图

这些软件的基本应用就不在这里细讲了，本书会更多注重广告材料和与工艺相关的软件要点。

2. 制作工艺文件

工艺文件是发给制作端的雕刻转换格式文件，负责制作工艺文件的岗位可能是雕刻厂的前端设计，也可能是设计公司、广告公司、商场负责陈列的企划部设计师。总之，工艺文件是确定了设计方案后将要转移给设备的执行文件，是与设备操作技师的工作交流文件。实践中广告制作行业缺乏规范与标准的环节之一，就是交流文件不够规范，或不够详细，很多时候要靠口头说明和补充，这是造成信息疏漏、加工粗糙、废品率增加、误讲误读等现象的重要因素。既然要通过教材系统学习，首先就应当习惯于系统制作工艺文件，习惯于将口诉说明改为文档说明。应当做到，将所制作的工艺图附加了文字说明后，不必附加口头解释，制作人就可以看懂所有要求。

交流文件至少有三项工作必须完善：一是符合工艺的制作图；二是附图中的文字说明；三是完稿前的处理。制作图是雕刻主体文件，有时也表示成品效果。文字说明是对材料、颜色、工艺、数量、尺寸和其他特殊要求的说明。完稿前的处理和印刷品设计交稿前的"印前技术"一样，雕刻的工艺文件在交付前也有需要处理的技术问题。

雕刻用的组稿文件必须是矢量文件，其工艺文件要使用CDR软件，它和AI一样是矢量软件，但与AI不同的是它有类似AutoCAD工程制图软件的特性，可以直接转化成雕刻机所适合的执行文件格式。雕刻机使用自己的驱动软件，可以兼容CDR的转化格式。建议尽量使用X3的版本，相对普及，较少遇到版本问题。

下面通过胸牌的工艺文件进行详细说明。

（1）制作图形。制作图形时要特别注意，文件图形一定要1:1做稿，确保图形尺寸与实际制作尺寸相同。CDR软件设置尺寸单位为毫米，本例小胸牌为长60mm、宽15mm，在软件中制图时首先要完成一个相同尺寸的矩形，可以填充橙红底色，这不影响雕刻文件在CDR软件与雕刻机之间的转换。但在设计颜色时手头必须有一张色标卡，色标卡中没有的颜色是不能用双色板直接实现的。然后将设计内容，如标志文字等摆放其中（图2-5）。

图2-5 胸牌的内容设计

（2）文字说明。上例中的文字说明包括了材料（双色板）、尺寸和数量要求，其中"二维铣"是雕刻工艺的一种。对双色板雕刻而言，"二维铣"与"切割"是完全不同的工艺，切割是切透双色板，使图形从整个板材上分离下来成为独立的形状；"二维铣"是在图形内只刻去双色板表层颜色，露出板的本质色，成为雕刻内容。需要说明的是，铣一般是指在材料上加工出平面，要使用平头铣刀。但在双色板雕刻工艺中，由于要加工的平面图形往往很小，例如图2-10中的小文字，就只能使用尖的锥刀来实现。严谨地说锥刀是用来雕刻的，所以实践中也会有人把双色板的"二维铣"说成"二维雕"，这里重要的是二维，以区别切割和三维雕刻。"S-147"是双色板的色标号，这是为防止电脑辨色误差。再次提示，设计时使用了哪个品牌的色标卡，就一定要使用哪个品牌的双色板。

3. 关于完稿前的处理

（1）文本转曲。如果在设计稿中有电脑输入的字体且属于设计内容，传稿前必须把它们转为曲线，否则会因为不同电脑字库字体不同而被其他字体替换，设计好的字样就发生变化，设计变成了不应有的样子（图2-6）。这和印刷品设计是一样的道理，一定不能忘记在将完稿文件传给下道程序前把文字转换为曲线，其功能在CDR软件菜单栏"排列/转换为曲线"处。

▲ 设计稿中的英文字体　　　　▲ 英文字体被替换

图2-6　设计好的英文字体被替换

画面中作为标注说明的文字可以不转曲，但要使用系统中通用的字体，如系统宋体、系统黑体，因为并不参与设计内容，即便遇到系统字体替换也不会影响制作稿。但如果所设计的内容文字量很大，选用的字体也多，为安全起见，应把所有文字都转为曲线，通过在CDR软件菜单栏中"文本/文本统计信息"中查看字和字符数量来确定，均为零最安全（图2-7）。

▲ 没有转为曲线的文字在选择它们时每个字符左下角会有一个小方框，表示它是可编辑状态

▲ 转为曲线之后选择它们，小方框到了图形曲线上成为编辑节点

▲ 选择要转曲的文本内容，选择菜单栏"排列/转换为曲线"或快捷键Ctrl+Q

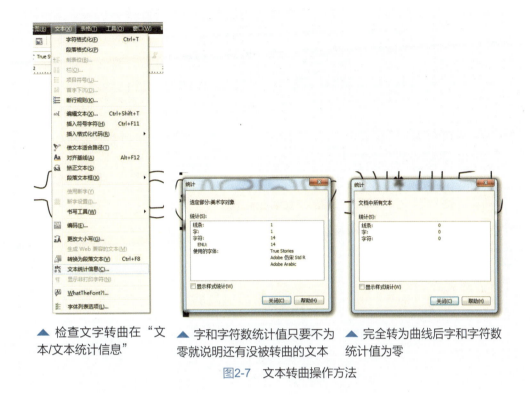

▲ 检查文字转曲在"文本/文本统计信息" ▲ 字和字符数统计值只要不为零就说明还有没被转曲的文本 ▲ 完全转为曲线后字和字符数统计值为零

图2-7 文本转曲操作方法

（2）不要制作效果文件。雕刻工艺稿中一定不要有下落阴影、立体化、光照效果、位图之类仿制立体的效果，因为这些不能转换为雕刻文件格式，也无法用雕刻完成，在不同电脑中打开容易出错。同样也不能有渐变色，在双色板上雕刻图形，如同版画一样，通过刻画形成两种配色的图案，所以不能完成渐变颜色的雕刻。

（3）注意轮廓。需要被二维雕刻的部分轮廓线必须封口，不能有断点、残线、折叠等，也不能有重叠。这些要求看似简单，但初学者多数都会出现这些错误。因为软件应用得不熟练，在设计中往往把一个图形拖来拖去，不停地修改，有时还会出现同一条线被原地复制了无数层的情况，检查时会发现，拖开一层下面还有一层，这种文件在转换给雕刻机时就会出差错（图2-8）。比如有断点的轮廓，雕刻机无法铣空轮廓中的笔画。再比如被复制了多层的轮廓，雕刻机会在重叠的线上重复雕刻。

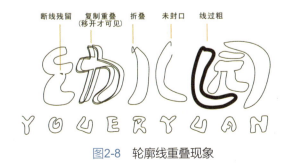

图2-8 轮廓线重叠现象

与AI相比，CDR软件轮廓曲线不封口时本应无法填充颜色，但在有些情况下有所不同，比如在编辑修改过程中意外截断了轮廓曲线，有时仍然表现为填充了颜色的样子。这对软件技术还不太熟练的初学者是常规错误，因为表面看上去难以发现，所以完稿前必须仔细检查。

（4）完稿检查动作。学会习惯于一个完稿检查动作。在软件的菜单选项栏中选择"视图/简单线框"，软件会暂时隐去图形颜色，暴露出被遮盖在主图形颜色下面的多余图形，同时也暴露出没有填充颜色的多余图形。确认它们是无用的之后将其删除，然后回到显示中选择"增强"，回到正常视图状态（图2-9）。

▲ 选择"简单线框"之前，画面看上去很正常　　▲ 在菜单栏中选择"视图/简单线框"　　▲ 选择"简单线框"之后颜色暂时隐藏，暴露出多余的图形

图2-9　完稿检查操作

（5）正确对待轮廓线。一定不要用增加轮廓宽度代替图形。矢量文件制作中的轮廓宽度是软件模拟的，执行雕刻时雕刻机只能将其雕刻成细线，要雕刻出彩色效果中的样子，必须将线转换为图形文件（图2-10）。

▲ 图例中笑脸的嘴是由一条矢量线完成的，但在彩色效果中无法分辨　　▲ 在"视图/简单线框"状态下可见笑脸的嘴只是一条线　　▲ 选择这条线，选"排列/将轮廓转换为对象"　　▲ 重新在简单线框中预览，笑脸的嘴已经转换为图形

图2-10　将线转换为图形文件

> **小技巧**
>
> 初学者常出现两种失误。一是不自觉地增加颜色。一张双色板通过雕刻只能实现两种颜色,增加的颜色需要增加工艺。比如人工着色,或增加一层双色板,这一点一定要注意(图2-11)。二是在设计工艺文件中,工艺说明不够认真,任意使用"切割"工艺。图2-12中文字说明为"切割,文字二维铣",会被误以为标志部分可能要采用切割,或对圆环部分切割,如此会使图标部分散落,使中心环从标牌上分离下来成为不相连接的碎片,这就失去了双色板的意义。其实,一只小胸牌上面的内容都应该是单色二维铣,内容雕刻完成后整个标牌需要从原料上切割下来,但这无需注明,一般不会误会,只需标注"二维铣",以表明内容的加工方式即可(图2-13)。
>
>
>
> 图2-11 错误地增加颜色　　图2-12 工艺说明(一)　　图2-13 工艺说明(二)

如果所制作的标牌形式相同,但内容不同,要把不同内容的标牌文件全部制作好并注明每一种标牌的数量(图2-14)。本例胸牌因为增加了内容,设计长度延长到70mm。

图2-14　全部标牌及其数量

三、案例：双色板提示牌

双色板制品无论设计为何种形状，都属于单色单板雕刻，方法与前面所讲内容一样，完稿程序一样。注意一定要写好工艺说明，标注好颜色标号。

在前面所讲的设计图例中，图形尺寸都没有在图形上标注。因为设计图形不复杂，与视觉理解没有差别，雕刻时一般不会出现尺寸误会。有时设计稿直观看上去不易理解其真实大小，如果外形轮廓也复杂，对长宽尺寸用简单的文字说明难以准确表达，则要在文件图形中标注尺寸，以提示雕刻技师在雕刻时进行适当的核对。

图2-15中在第一幅图稿中标注了总尺寸，其他图稿因为与其图形一致，只是一部分做了镜像反转，但大小没有变化，所以不必再标尺寸。

图2-15　提示牌的总尺寸标注

四、案例：多层双色板装饰画

下面示例设计几件稍复杂一些的双色板作品。

1. 工艺装饰画案例一

先做一组简单装饰画，这里用了一组位图素材图片（图2-16）。观察之后发现这张画基本属于平面颜色，没有渐变色，图形也不复杂，没有太小的分割，这样的作品可以作为双色板雕刻工艺的蓝本。虽然原图较小，但还能看清图案细节，可以采用软件临摹的方式。把原图拖到CDR软件中仔细观察，发现三张图中最复杂的表示枝条的线条图样是相同的，只是第二张被镜像了，那么就只参照其中一张画出这些线即可。画线的时候要尽量少用节点，以使新画的线平滑而富有弹性，修改调整画面和最终的雕刻都会相对简单些。由于花朵等素材内容重复较多，设计稿相对而言不难完成。

在软件中临摹时可以把原图锁定，通过菜单栏"排列/锁定对象"操作，使它在下一步临摹画图时不会被干扰。临摹过程中为方便辨认已经描过的线，可以暂时将新画的线改为最鲜明的颜色，比如红色。全部临摹完毕后参照双色板色标卡填充颜色，既要尊重素材的色彩效果，又要与色标卡保持一致，否则无法用双色板实现（图2-17）。

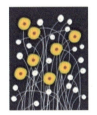     

图2-16 装饰画的素材图片　　　　　　　　图2-17 参照双色卡填充颜色

文件临摹好后要拆分文件，使之成为可执行的工艺文件。对照双色板色标卡会发现，这三幅画的底色都是白图案，可以用对应颜色的双色板一次雕刻完成（图2-18）。而画面中的三组小花朵有两组可以直接雕刻，另一组因为没有相应颜色的双色板，这里采用两板重叠的方式实现（图2-19）。

图2-18 雕刻　　　　　　　　　　　　　图2-19 两板重叠雕刻

到此，工艺文件就制作好了。图稿中没有涉及文字，也不存在字体转曲问题，但切记，所做的文件尺寸必须与实际大小一致，即1∶1制作雕刻稿。计划制作多大的工艺画，就制作多大的文件。本例中三幅画的尺寸设定为高500mm、单幅宽390mm。这个文件在最后完稿检查后就可以发给雕刻技师了。

把雕刻好的双色板依照素材的样子粘好，找个制作油画框的地方定制三个同样尺寸的木框裱在后面，再用丙烯颜料调出与每幅画底板相同的颜色将木框的侧面刷上颜色，或者用与底板颜色相同的双色板，用壁纸刀手工切出边条贴在侧面，一组很不错的装饰画就完成了（图2-20）。

图2-20　装饰画

2. 工艺装饰画案例二

这是一个单幅图片素材，画面稍有些复杂，由许多小的几何形状构成，并有不同颜色，但总体仍然是平面的，没有渐变色，可以成为双色板雕刻作品模板（图2-21）。画面中屋顶的红色有一些肌理，描摹时要省略为平色。

将素材拖至CDR软件中，这一例仍然采用手绘临摹。为了方便描绘，可以把位图设为透明，并增加透明度到80%，使新描绘的线条能够被清晰辨认（图2-22）。

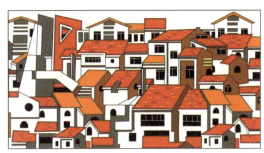 

图2-21　双色板雕刻作品模板　　　　　　　图2-22　增加透明度到80%

由于此例图案比较复杂，颜色较多，每一种颜色碎片数量也相应增多，为了下一步更方便地分解出这些碎片，并制作成雕刻文件，可以使用CDR软件图层管理。点击菜单栏"工具/对象管理器"，打开图层管理窗口（图2-23）。窗口左下方第一个按钮是增加新图层，在新增加的图层名称处单击右键可以重新命名图层，在窗口左上角有并置的三个按钮，中间一个为跨图层编辑选项，点击时可以在当前图层中绘图和编辑而不影响其它图层内容，并可以跨图层编辑任何一层内容。描摹时将素材图片置于最底层，改变尺寸为计划中的实际尺寸，这里为长600mm、高350mm。点击"跨图层编辑"控制键，在新建的图层中分别描绘相应颜色的图形散片，使每一层中只有一种颜色图形。同时参照双色板色标卡，修正颜色为双色板应有的颜色，直到画完全部内容（图2-24）。

图2-23　CDR的图层管理窗口

图2-24　修正颜色

跨图层编辑时需要注意，一定不要对处在不同图层中的内容进行编组、剪切、相交、结合等有相互作用的动作，否则会把这些内容转移到当前图层中，使原来的图层计划被打乱。

描摹装饰画时要注意，要对原图进行整理概括，充分了解双色板雕刻的特点。除了注意双色板颜色的局限外，还要注意整合、合并过多的色彩。省略过小的画面细节，概括过于细碎的笔触类内容，拉直过于琐碎曲折的界线，使画面尽量简练、平滑，适合雕刻机工作（图2-25）。

▲（1）边界要收拾整齐，不可以有出界和不到位的图形　　▲（2）部件组合间不可以错位、重叠和交叉　　▲（3）每一个图形都嵌入在严谨的环境中，不可以有丝毫的位移、变形和不衔接

图2-25

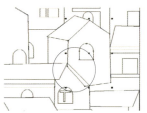  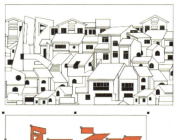

▲（4）利用"视图/简单线框",检查相邻图形之间是否有越界现象,所有相邻界线必须对齐

▲（5）这样的碎片和太过细长的尖角,会大幅度增加雕刻和制作难度,且在画面构成中没有存在意义,整理时要尽量省略

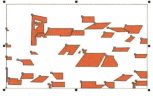

▲（6）如果要改变画面尺寸,必须所有图形组件共同缩放,不能单独改变其中任何部分（如本图中红色一组被缩小,这些代表屋顶的部件便无法装进上面的黑色编组中）

图2-25 装饰画的描摹注意事项

最后一道程序是将各颜色散片组分离开来,制作雕刻文件。图2-26是制作好的工艺雕刻文件,由于临摹时各组颜色分别置于相应的图层中,所以颜色组分离时很容易。图中第一行第一幅是供雕刻工序参考的效果稿,第二幅标注了"二维铣",它是全图的底板,所有其它颜色的散片都将粘贴到这张底板上。可以看见上面是全图的轮廓线和黑色的门窗部分,这里计划采用黑质白漆的双色板,色号为"S-101",将黑色门窗直接雕刻出来,尤其是那些轮廓线,为的是接下来更容易定位和粘贴各种散片。这是一种导航工艺,也是很重要的实用技巧。画面粘好后轮廓线会被覆盖,个别处表现为画面中应有的线条,使作品效果更为完美。

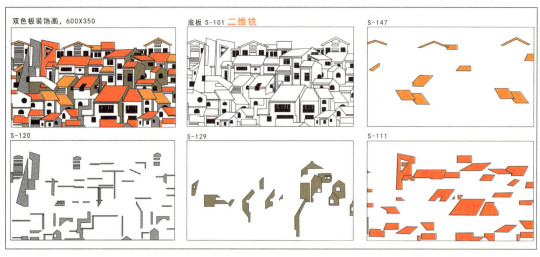

图2-26 制作好的工艺雕刻文件

> **小技巧**
>
> 执行雕刻时，为了不使雕刻得到的散片过分散乱或丢失，可以向雕刻技师提出要求，把雕刻后的散片留在原位，整个雕刻板要保持完整的一张。方法有两个，一是要求刻刀深度不完全刻透，保留接近一张纸的厚度，使双色板保持完整，使用时将其撕下。但这对雕刻机精度和雕刻技师的责任心要求较高。另外一个方法相对较为简单，预先在双色板背面贴一张不干胶纸，使雕刻出的散片得以保持在原位。但过小的散片仍然容易脱落飞溅，要提示雕刻技师留意收集。

当然，如果在最后的贴画工序中能够具有足够的耐心和辨识力，完全可以不用这些辅助方式。制作雕刻文件时可以把所有相同颜色散片都集中排列，如图2-27所示，这样可以节省材料，只是雕刻完后这些散片会完全独立，互相掺杂，许多碎片形状、颜色相似，难以区别，也容易在雕刻时丢失。但这确实是十分节省的方式，有雕刻好的底图为导航，实际组装时也并没有那么夸张的困难，即便有两块完全一样的散片也没关系，因为完全一样，也就无需分辨了。

雕刻散片在集中排列时可以任意旋转、移位、填满空隙，但绝对不可以相互交叉、重叠，任何一个散片都不能镜像、变形、缩放。不相邻的散片也不可以靠紧在一起，散片间要预留刀具口缝，否则雕刻刀不能将它们切开，形成粘连。

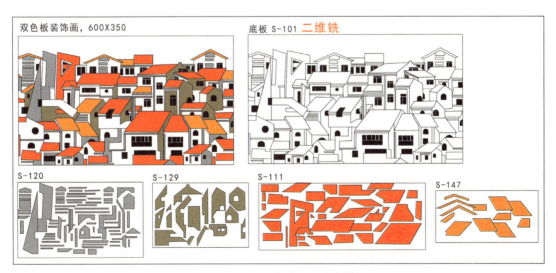

图2-27 相同颜色散片可集中排列

拼图是个看起来比较辛苦的过程，但同时也可以体验设计作品的乐趣。拼贴好的装饰画也同样可以制作一个底框，组装成为一幅完美的成品（图2-28）。

图2-28 成品

本课小结

本课通过制作一组小标牌、一组提示牌、两组装饰画，简单学习了双色板的材料特性、常规广告应用和自由设计。

拓展实训

（1）为加深对本课的直观认识和材料体验，需要读者到实践中去认识双色板和雕刻机。

（2）留意一下身边和所能去的地方，哪里有用双色板制作的东西，除了课程中提到的和模拟的，还有没有更新奇的用法。

（3）根据自己的理解和所学的设计知识，为自己设计一个以双色板为主要材料的工艺品或实用广告作品，尝试把它制作出来。

第三课　亚克力

一、关于亚克力

1. 亚克力的特点

亚克力也叫亚加力，英文是acrylic，简称PMMA，是一种开发较早的重要热塑性塑料，具有较好的透明性、化学稳定性和耐候性，易染色，外观优美，无毒（即使与人长期接触也无害），在建筑业中也有着广泛的应用。亚克力加工性能良好，可以切割、热弯，在模具的帮助下可以热塑变形，并且燃烧时不产生有毒气体。建筑应用有橱窗、隔音门窗、采光罩、电话亭；交通应用有火车、汽车等的车辆门窗；医学应用有婴儿保育箱、各种手术医疗器具；民用品有卫浴设施、工艺品、化妆品支架、水族箱；工业应用有仪器表面板及护盖等；照明应用有日光灯、吊灯、街灯罩等；广告业多用在灯箱、招牌、水晶字、立体发光字、指示牌、展架等（图3-1）。

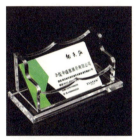

图3-1　亚克力产品

> **拓展阅读**
>
> 广告所用的亚克力与通常所说的有机玻璃的区别如下。
>
> 一是外观：有机玻璃断面略黄，手感柔和，亚克力白亮，其透明性比普通玻璃还好，所以从断面看普通玻璃是绿色的，有机玻璃是偏黄色的，亚克力是白色的；二是加工性能：亚克力比较硬，热熔点比有机玻璃略高，最适合机械工具加工，如高速切

割钻铣。有机玻璃在高速工具下很容易热熔，会把切口和切屑熔结，甚至将切割刀具粘死，不适合高速机械加工。或者可以理解为，亚克力是高度提纯加工的有机玻璃，品质比有机玻璃好得多。而且实际应用中，国内供应的亚克力也有不同的品质，品质低一点的亚克力外观也如同有机玻璃一样颜色泛黄；高品质的亚克力透明度非常好，看不见杂质，切割断面整齐光亮（图3-2）。

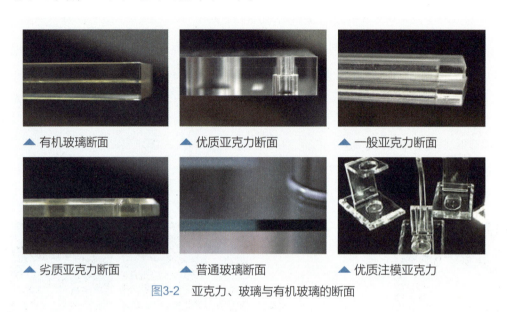

▲ 有机玻璃断面　　▲ 优质亚克力断面　　▲ 一般亚克力断面

▲ 劣质亚克力断面　　▲ 普通玻璃断面　　▲ 优质注模亚克力

图3-2　亚克力、玻璃与有机玻璃的断面

2. 广告亚克力简介

广告用亚克力其实不是只有透明的，其成品颜色十分丰富，尤其是板材，广告制作中使用最普遍的就是板材，除此之外还有管材、棒材等。亚克力板材的通用原料尺寸是1200mm×2400mm，如有超常规尺寸需求时可以定制，如宽1800mm、长15000mm等。透明亚克力常用的材料厚度有3mm、5mm、8mm、10mm、15mm、20mm等，有色亚克力板一般只有3mm、5mm两种厚度规格。伴随亚克力板在广告中的日益广泛应用，各种用途的专业机械设备也日渐丰富，如各种类型的雕刻机、吸塑机、丝网印刷等，适用种类也逐渐增多，加上亚克力本身外观色彩鲜艳，表面光洁精美，所以深受欢迎。

有色亚克力板有透光度的区别，这一点要特别注意。用于内发光灯箱类的亚克力必须用透光度好的亚克力板；透光度不好甚至几乎不透光的大多用来作不需发光的面板，如外照灯光的字面、镶嵌灯箱的不透光底板等（图3-3）。

▲ 彩色亚克力样片　　▲ 透明亚克力管材　　▲ 彩色亚克力管材　　▲ 各种亚克力棒材

图3-3　亚克力样品

二、亚克力雕刻广告字的特点

在广告制作中，亚克力通常用来制作广告字、招牌等。

亚克力字又常被说成水晶字，其清澈剔透，晶莹光洁，看上去高档大气，若加上光源照明使其明亮起来，更是晶莹闪烁，十分华丽，特别是在高档商场，亚克力制品比比皆是（图3-4）。

图3-4　亚克力制品

因为亚克力硬度比双色板高，厚度、规格、品种也丰富，可加工余地很大，加工成品立体感强，能满足多种设计需要。

常用的雕刻工艺有切割、平铣、铣槽、三维雕、正刻、背刻、倒角等，从板料雕刻工艺讲，亚克力适合图1-48中所列的所有刀具和雕刻形式。

另外，亚克力板在激光切割、激光浅蚀刻中具有独特的效果，因激光的热融合效应，使得切割截面光亮晶莹，十分美观，浅蚀刻时其表面的图案和文字在亚克力透明板上看上去也十分有效果。亚克力的拼接也容易，现在有专业的亚克力胶，还有光固化无影胶，可以在透明板之间实现无痕胶接，感官完美漂亮，在热加工中还有折角、弯曲、模塑等方式（图3-5）。

▲ 切割（高功率激光雕）　▲ 蚀花纹（小功率激光雕）　▲ 热弯曲　▲ 热模塑（加热软化后利用模具变形）

图3-5　热加工中的工艺

可以使亚克力变形的温度大约在160～220℃，生产中多采用石英电热管作为热源，简单的手工制作也可以用低压电热丝，在50V安全电压下加热；对于薄而面积小的亚克力板还可以用工业风枪加热，较复杂的成型则需要有模具辅助。

三、案例：普通水晶字

1. 直侧边切割字

直侧边切割字图3-6的设计文件较简单，用CDR软件制作出想要的字体，制作尺寸按1:1，标注出要求的材料、规格和材料质量。可以选择其中一个外形较饱满、笔画较多的字画一个外字框，标注框的尺寸，用于生产制作方核对成品尺寸，防止文件传送过程中出现失误（图3-7）。

在把做好的文件传给生产制作方之前，切记文字转曲，以及必要的细节检查。

图3-6　直侧边切割字

图3-7　画字框并标注框的尺寸

关于直侧边，指的是字的侧立边是垂直的，这是相对倒角、圆角、套边等特殊要求而言的。直边字制作没有特殊要求，雕刻工艺也简单，可以用优质的亚克力材料直接在机械雕刻机上切割，还可以使用激光切割机。

机械雕刻机雕刻时所设定的机械参数，如刀具大小、刀速快慢等要合理，这是保证雕刻成品的切割面精确工整、成品字型漂亮的关键工艺要素。亚克力质量不好，或刀具不够锋利，或设定机械参数不对，都会影响成品字的质量。雕刻过程中环境不够清洁、台面零乱、有硬而锐利的物体时也会损伤成品字的光洁度。除此之外，如果进刀量设置过大，也会因为刀具的行进抵抗力使刀具弯曲，造成成品字的侧立面不工整。这些虽然属于雕刻技师应把握的技术，但设计师也应当有所了解，如果设计师对水晶字的品质要求较高，可以据此对雕刻技师提更专业的要求。激光机由于直接使用热切割，刻出的断面光洁透明，不存在截面损伤，一般不需要二次修整。

> **小技巧**
>
> 对机械雕刻的亚克力字有时需要一种附加工艺，即火焰抛光。使用时，用专用助剂涂在新刻好字的侧立面，用亚克力专用的火焰抛光机进行抛光。它有一个精巧的手持火焰喷具，能产生一个很小的无烟焰芯，当火焰瞬间掠过字的侧立面时，雕刻产生的微观磨砂、残存微屑会被立即烧掉或熔合。这是一项很有效果的小工艺，刚刻好字的侧立边总会有微观刻损和不光滑的情况，抛光之后会非常光亮通透。尤其对材质不是特别好的亚克力，火焰抛光可以让切割面焕然一新（图3-8）。
>
>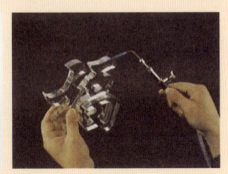
>
> 图3-8 火焰抛光

实践中影响雕刻质量的，除了板材的品质、雕刻技术、后期处理外，雕刻机的质量因素也很重要。首先，选择合适的雕刻机很关键，切割20mm厚的板材时，雕刻机型号就要大些，小、微型雕刻机不能胜任，因为机器输出功率低，设备自身强度弱。但也不是机器越大越好，大的机械精度可能会不如小设备好。另外，设备的保养情况、新旧程度也会影响雕刻精度。一切机械都会在运转中磨损老化，保养不当、结构间隙大的设备雕刻时会有抖动、误差等情况出现，工作中会使雕刻刀线出现微观偏曲和抖动的刀痕，封闭的轮廓线不能对接封口等情况。

2. 倒角字

倒角水晶字是在正面把棱角倒切出一个45°切角，使字更显立体感，同时字的切面多，光线的折射会更丰富，当亚克力透明度好且光线角度恰当时，还可能会折射出七彩光谱。

给雕刻技师的倒角立体字文件中不必制作效果图，也不必在加工图中特别制作局部细节图，有特殊要求除外，一般只需在标注的文字中加以说明（图3-9）。在雕刻机的程序设置中有专门的选项。

图3-9　文字标注

倒角字只能使用机械雕刻机，且需要倒角专用刀具辅助完成。激光机只能完成直入切割，不能刻倒角，也不能刻垂直方向的曲线断面。与激光雕刻机相比，机械雕刻机有着相当多种类的刀具形式，而且还有更广泛的更新空间，靠刀具的形态可以完成多种截面形式的雕刻，参见第一课图1-48、图1-49。

四、案例：双层彩色亚克力字

给读者一个重要提示，也是实践中常见的一个重要问题：很多人不习惯读文字，在读图时代的今天，读文字似乎是低效率的工作，但学会读文字，并准确把握信息层次和条理，养成审核文件的习惯，可以减少工作中的失误。在一组设计文件中说明文字可能并不多，但如果只是粗略浏览，很可能会错过某些关键要求，忽略某个工艺细节，这也是实践中常会出现的错误。千万记住，审核文件应严格，必须看完文件上的每一处标注。同时设计文件中的文字标注要条理清晰、说明通俗、表述准确，不会让人产生误解。用文字传达信息可以有效避免口传误读、遗漏甚至以讹传讹的弊病。文字表达还可以起到证据作用，厘清责任，减少差错。

1. 齐边双层字

图3-10是粉红字面加透明底的齐边双层字效果图和制作文件。

图3-10　齐边双层字效果图和制作文件

设计文件中文字说明（15+5）mm指底层透明亚克力板厚15mm，表层粉红色板厚5mm。粉红后面的数字100是色彩编号，亚克力的色彩编号和双色板一样，是生产厂自己编制的，没有通用标准，不同地区或不同厂家生产的亚克力色彩标号是不同的，读者对这一点要注意。雕刻时计划采用某种品牌的亚克力，设计文件就必须使用相应品牌的色彩编号。

2. 扩边双层字

扩边双层字由两层亚克力组成，表面一层有色板，正常字体雕刻，下面叠加一层较厚的透明亚克力，其字体轮廓要比原字扩宽，使其从正面看有一个透明的轮廓边。图3-11是蓝色字面加透明底的扩边字效果和它的制作文件。

图3-11　蓝色字面加透明底的扩边字效果和制作文件

3. 扩边双层倒角字

扩边双层倒角字的做法基本与上面的扩边双层字相同，所不同的是扩展为轮廓边的透明亚克力要45°倒角，使成品字更有立体感和工艺感，效果更美观（图3-12）。

图3-12　扩边双层倒角字

五、案例：亚克力发光字

亚克力发光字是在亚克力字的背面加装LED光源，字体多数是双层的，有时用彩色字面，有时用金属字面，背面的光源把光线同时从透明的亚克力背面和侧边散射出来，照射在字的背景板及周围，非常有空间感，十分炫目。发光亚克力字的彩色面板必须用透光度好的亚克力板。

发光亚克力字大致有两种发光方式：一种是将光源直接贴在字的背面，灯光向后，这种贴光源的方式必须把字悬离背板，用支杆固定字体，使之与背板间有可以散发光线的距离；另一种是内发光方式，这要求刻字时把字的背面沿笔画刻出一道沟槽，以使LED容纳在笔画的内侧，这时的亚克力字可以直接贴在背板上（图3-13）。

▲ 背发光悬柱固定　　▲ 背发光示意图　　▲ 内发光直贴固定　　▲ 内发光示意图

图3-13　背板上的亚克力字

不管是哪一种发光方式，都应限制字体笔画不能太小，其宽度要足以容纳LED。这种发光材料有些是发光板组，大约10mm宽，上面有两粒、三粒或多粒LED珠，有些是单体小型LED珠，可以小到几毫米（图3-14）。LED虽然是冷光源，但也有温度，所以应考虑散热，以防损伤亚克力。

  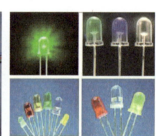

▲ 8珠LED组　　　　　▲ 9珠LED组　　　　　▲ 单珠LED

图3-14　发光材料

对发光字制作文件的要求与上面不发光的亚克力字例子基本一致，只是多加注一项说明，即"LED背发光"或"LED内发光"，对发光材料有特殊要求时要说明。

六、案例：亚克力镶嵌发光字

镶嵌字本身的制作与前面"双层彩色亚克力字"所讲内容相同，只是安装时要在背板上费些心思，需要配合亚克力字，将背板雕刻出与字完全吻合的镂空。然后在背板的里面贴一张乳白色或透明的亚克力板，亚克力字无论是单层的、彩色双层的，抑或是倒角的，都镶嵌在这个镂空的字型里，其中的字空等零散部件通过里面的乳白色或透明亚克力板固定在这个平面上，这样，镶嵌亚克力字的面板就组装好了。

镶嵌，一是为了让字体更完美地发光，二是为了让背板与装饰环境更好地结合。现在要在这个镶嵌好的面板后面加装灯光，使亚克力发光，同时为了与环境相匹配，这个背板可以是一个灯箱的面板，也可以就是这面墙的装饰板。不论该背板的最初设计款式、面积、形状如何，安装前都要在固定亚克力字的位置雕刻出镂空字型来。这样，在设计完成并按预定程序一层层安装起来后，背板就是这里的装饰墙，亚克力字也就完好地镶嵌在这面墙里。

图3-15是一种亚克力镶嵌灯箱结构示意图和四种镶嵌亚克力字制作工艺文件。

图3-15　亚克力镶嵌灯箱结构图和四种工艺文件

图3-16是几款镶嵌式亚克力制品实例照片。

图3-16　镶嵌式亚克力制品

七、案例：亚克力三维雕刻字

三维雕刻字大多是指在一张平板上凹刻出有倒角的亚克力字，更多的是在透明板上，制造出一种水晶的质感。有时还会利用透明亚克力能够传导光线的特性，在一端加装一个封闭的盒子，里面藏有发光材料，比如一支细的灯管，或是一排光强度很高的LED组，使灯光从亚克力板的端面照入，从雕刻的文字处散出，从而营造出类似霓虹灯的效果，如同透明的数字屏幕，神秘而漂亮。用这种方式制作的发光牌称为导光牌，广告材料市场有各种配套的灯盒，专门用来制作各种规格的导光牌（图3-17）。

图3-17 导光牌

这种指示牌的设计文件也很简单，设计好各部分应有的样式和尺寸，还是按1∶1的比例制作出CDR文件，标注"导光牌"和材料要求即可。图3-18中左图为一种导光牌结构示意图，此图仅用于帮助读者理解其结构原理，传给雕刻技师的工艺文件中一般无须此图，只要工艺图和说明即可。

图3-18 导光牌结构示意图

八、案例：亚克力装饰画

找一个比较适合的工艺画素材，和双色板工艺画制作的要求一样，这个素材最好是平面的，不过读者也可以发挥一下自己的美术技能，自己创作一幅更适合的工艺画素材。

图3-19是一幅工艺画素材，画面中有颜色渐变和笔触肌理。为了适合亚克力雕刻和镶嵌，要对素材进行整理和修改。素材中黑色是整幅画的骨骼，除了作为底色，还以线条的方式交织在画面里成为构图的轮廓骨架。那么，这幅装饰画就以黑色为主进行改良，要求是黑色的线条尽量连贯起来，宽度控制在亚克力材料适合

图3-19 平面工艺画素材

的尺度，即最窄处尽量大于2mm。改良后的画面中也和双色板装饰画的要求相似，不应有太小的散片、太细长的尖角，相邻颜色间的界线要完全契合，不能重叠越界，也不能留缝，否则会露出难看的白光。

对本例素材仍然采用第二课中"工艺装饰画案例二"的方式进行描摹，即在CDR软件中分出图层，分别描摹每一种颜色，然后逐层分离成为雕刻文件，画面尺寸计划为600mm×600mm。

描摹好的文件仍需参照亚克力色标卡修改颜色，图3-20是描摹完成后的效果图，图3-21是本例所采用的亚克力色标卡。

为了方便练习，图3-22以列表方式展示了本例色标卡及编号。图中颜色在翻拍和印刷中可能会有偏差，这里仅作为练习参考。实际操作时手里应有色标卡实物，尤其是在雕刻制作实物时。

图3-20　描摹完成后的效果图　　图3-21　亚克力色标卡　　图3-22　本例色标卡及编号

依据素材做好的雕刻文件如图3-23。亚克力不同于双色板，不能用二维铣的方式雕刻，全部亚克力板都需要采用切割雕刻。为了方便成品组装，不使散片在雕刻中分离，可以用机械刀具，并要求雕刻技师在亚克力背面预覆不干胶贴，使得雕刻后的散片能够留在原位。亚克力装饰画在制作中，所有散片必须依赖一个载体来粘贴，因此雕刻文件中设计了一块白色的亚克力底板。另外，因为要制作为灯箱，所有用料都必须为透光板。

图3-23　素材中的雕刻文件

图3-24是采用全切割和集中雕刻的省料方式制作的雕刻文件，因为所有散片已经全部集中移位，不再需要为保持原位而采取措施，所以采用了激光切割工艺。激光切割可以得到更高的切割精度和切边质量，随之而来的工作难度是组装时要耐心寻找对应的散片来拼图。

在编制这组雕刻文件并集中这些散片时，各散片均可以旋转、移位、填空，但禁止变形、重叠、镜像反转和缩放，不相邻的散片之间要保持2~3mm以上的间距。

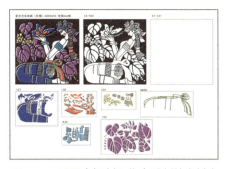

图3-24　采用全切割和集中雕刻的省料方式制作的雕刻文件

粘贴亚克力可以用亚克力专用胶（图3-25），使用时可以把所有散片都摆好，用医用注射器将胶水注入接缝里，几分钟后即固定，十几个小时后达到强度。也可以用无影胶（图3-26），又叫光固化胶。它需要在紫外线下固化，固化后有很好的透明性，不会产生透光阴影。无影胶比较黏稠，需要预先涂在接缝处再贴上表层，用紫光灯或阴天的自然光照射，10min左右即可固化。

拼贴好的装饰画就成为灯箱的面板，下面要预制一个精致而薄的灯箱，可以采用LED光源，也可以采用一种新的发光材料，即发光板。发光板厚度大约3mm，它像一片全发光的电视屏，制作时无需灯箱体，亚克力画面可以直接贴合在发光板上。但这种发光板光效较弱，不如LED明亮。

小技巧

需要注意的是，亚克力的切割无论有多精细，色片之间都可能有纤细的露缝，从正面看时也一定会泄漏一丝丝的边界光，这一般不会影响画面效果。当然也可以继续完美，用外墙玻璃装饰用的黑色密封胶填堵这些细缝。这是个极精细的工作，填缝硅胶包装为塑料筒状，有专用挤压出胶工具，前端有锥形出胶嘴（图3-27）。使用时需要用刀在尖端切一个口，把这个口修理得足够细、足够工整，压胶时就能呈一条细的胶线，用这胶线来填缝，像在画面上嵌了黑丝，视觉效果也不错。

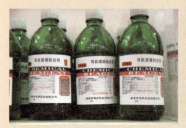
图3-25 亚克力专用胶

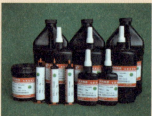
图3-26 无影胶

图3-27 填缝硅胶

图3-28是本例装饰画的成品效果。

图3-28 装饰画的成品效果图

本课小结

在本课中我们了解了水晶广告字,并通过它认识了亚克力,之后了解了亚克力在广告立体字制作中的强大而丰富的表现力。

拓展实训

(1)和第一课的学习要求一样,为加深对本课的直观认识和材料体验,读者需要到实践中去寻找亚克力制品的身影,尤其去一些高档商业场所,看看它们是如何体现价值的。

(2)动用任何可用的资源查找一下,除了前面提到的用法,亚克力还有没有更新奇的用法。

(3)根据自己的理解和所学的设计知识,以亚克力为主要材料,设计一件工艺品或实用广告作品,尝试把它制作出来。

第四课　雪弗板与弗龙板

一、关于雪弗板和弗龙板

1. 材料用途

雪弗板和弗龙板现在基本属于广告制作中的专用材料，就像是专门为制作各种立体广告字而发明的。它们都适用于广告雕刻机加工，可以直接切割出需要的各种厚度的立体字或图形，简易快捷，品质感好，有强度，耐风吹日晒，耐老化、防腐朽，也不会翘曲变形，钻孔或钉钉、打磨上漆都可以，所以应用十分广泛（图4-1）。

▲ 雪弗板雕刻表面喷漆

▲ 两层雪弗板喷漆后重叠

▲ 雪弗板原色使用

▲ 弗龙板原色反面

▲ 弗龙板喷漆重叠

▲ 厚的弗龙板加双色板

图4-1　雪弗板和弗龙板的应用

雪弗板和弗龙板都是平板材料，每张大小与通用亚克力板相同，均为1200mm×2400mm。两者都有多种颜色，如红色、黄色、蓝色、绿色等，但由于市场对彩色板需求少，主要供应的颜色多为黑色和白色两种（图4-2）。

▲ 白色雪弗板

▲ 黑色雪弗板

▲ 彩色雪弗板

图4-2　雪弗板的颜色

雪弗板和弗龙板都是PVC发泡制品，都具有不怕水、耐酸碱腐蚀、易于切割加工等特点。两者的主要区别如下：雪弗板质感更硬挺些，因为它通体都是同一密度的发泡品，强度高，有类似木板的感觉。表面有一层光滑的硬皮，切割面是略有沙质的麻面，特别适合雕刻立体文字。弗龙板本质是松软的发泡体，类似于发泡拖鞋的鞋底，在其中一面附了一层大约2mm厚的类似雪弗板的实密层。这样弗龙板就有了一个光滑硬质的表面，又比雪弗板轻、软，相对于雪弗板而言，成本较低（图4-3）。

▲ 弗龙板背面　　　　　　　▲ 弗龙板切面

图4-3　弗龙板材质

雪弗板的厚度规格有3mm、5mm、8mm、10mm、12mm、15mm、20mm，弗龙板的厚度规格有10mm、20mm、30mm、40mm。在广告制作中，由于使用者对低成本的追求，使得它们也有了品质等级之分，质量好的，密度均匀紧实，颜色正而干净；质量差的，质感疏松，颜色灰旧，表面不平，有些还有气泡。但在做户外较大型的立体字时，因为可以喷漆上色，视距较远，所以有些使用者对品质要求并不高，反而更在乎价格，而在较高档的环境使用时就对品质要求高些。

这两种材料应用最为普遍的是立体广告字，有时也用来雕刻一些格栅、图样之类的装饰品。但与装饰用的密度板、仿木板之类相比，雪弗板和弗龙板在环境温度的变化中，容易因承载外力而弯曲。相对承力性能较差，因而不太被用作独立的装饰物，而需要依赖额外的边框以保持形体。

这两种材料既适合机械雕刻，也可用激光切割，大多数情况下都是直接切割，尤其是弗龙板，几乎没有太复杂的加工要求，而雪弗板还可以制作半透雕刻、浅浮雕或雕刻带倒角的立体字（图4-4）。

▲ 用20mm厚的雪弗板制作的艺术装置　▲ 用5mm厚雪弗板多层重叠实现的环境设计模型　▲ 雪弗板雕刻花纹

▲ 白色雪弗板立体字　▲ 弗龙板加绿色亚克力　▲ 白色雪弗板加灰色双色板

▲ 雪弗板公共导向　▲ 40mm厚弗龙板雕刻堆积的招牌装饰花边

图4-4　雪弗板和弗龙板的应用

2. 雪弗板或弗龙板的粘接

雪弗板和弗龙板制品的粘接和安装，通常有以下几种胶较为常用，这里分别介绍一下它们的特点和用法。

（1）大力胶。有的包装称"宝斯力""木老爷"，只是品牌不同而已。一般常用来粘木质材料，如胶合板、家具饰面板等，其特点是韧性强，黏结强度大，除了用于木材，还可以用来粘玻璃、金属、塑料等，而且粘接面也无需太平整、光洁，只要无油、无水、无灰等附着物即可。大力胶自身有一定的凝固厚度，像高强橡胶，贴合面之间略有间隙就可以实现黏合。

大力胶的使用步骤及方法如下：把需要粘接的物体两面清理干净，用毛刷在两个粘接面快速而均匀地刷胶，放在通风处风干。等待20min左右，胶膜挥发到不粘手，将两个粘接面对齐合拢并加压，最好用橡胶锤均匀锤打，使粘接面尽量合严，放置24h达到最佳强度。对合的时候要小心，没有对齐之前不要使它们贴到一起，小心对齐后，果断对合，之后不可再移动相互的位置，也不能试图把它们分开重粘。

（2）乳白胶。也叫白乳胶（图4-5），是一种水性胶，常用来粘木质家具，也可以粘玻璃、塑料等。与大力胶相比，白乳胶比较清洁干净，凝固后略呈透明的白，与白色塑料有些相似。另外，水性胶与大力胶一类树脂胶相比，不易老化，用于粘木材料时比大力胶更有优势：一是外观较清洁，二是它凝固后不再有黏度，这与大力胶不同。大力胶凝固后相当长时间内，胶面仍略呈黏性，易粘

图4-5　白乳胶

上灰尘。但在粘塑料或玻璃时，白乳胶比较怕水，水浸后容易脱离，所以如果用来粘广告字的话不能用在室外。

白乳胶的使用方法较简单，在需要粘接的物体任何一面涂胶都可以，无需等待挥发，直接对齐粘贴即可。刚刚对接时还可以移动位置或打开重贴。白乳胶凝固慢，对接好以后要加压，等待凝固期间不要错位移动，要加压静置24h。它最适合在室内粘雪弗板或弗龙板，粘缝干净，只是在立面墙上粘时需要用胶带临时固定，这一点不如大力胶。大力胶在胶面挥发好以后贴上就可以固定，这对粘立面墙的字非常方便。

（3）双面胶。对于组合雪弗板或弗龙板之间，双面胶用起来也很不错。但常见的文化用品店出售的双面胶则不宜使用，它们容易在重力下脱离，留下的残胶又难处理。介绍一种目前使用较多较好的品牌"3M"（图4-6），正品3M双面胶有薄的、厚的、卷的、直条的，多用于室内装饰的光滑装饰板贴面，属于工程用胶。特点是粘接强度大，不会因温度变化而拉伸脱离，清除时也容易，慢慢撕离胶质时无残留，表面清洁干净。

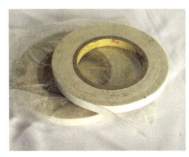 

图4-6　3M双面胶

3M双面胶薄的卷胶带可用来粘那些能够贴严的物品，如平整的玻璃，软的塑料板、双色板，较薄的雪弗板和弗龙板等；厚的胶条用于粘较硬的板材，它们之间可能会有某些位置贴不平实，胶条本身有弹性，可以缓冲间隙。它的用法与普通双面胶一样简单。

（4）液体快干胶。又叫"502"，还有一种专门用来粘广告布接缝"3秒胶"，其实它们是同一种胶（图4-7）。"3秒胶"的特点就是凝固快、粘接牢固，所以称其为"3秒胶"，在使用时把胶液滴在粘接面之间，压实后只需等待几秒即可凝固，但要达到应有强度还需放置24h。

图4-7　液体快干胶

这种胶由于固定快,特别适用于一些轻巧的雪弗板或弗龙板组件。如果互相组合结构较复杂,粘接时需要扶住定位,无法松手,这时"3秒胶"比3M还有效,因为它不仅凝固快,而且很牢固。

（5）透明硅胶。透明硅胶也就是玻璃胶,是工程密封胶的一种（图4-8）。它的粘接强度好,无论什么材质都可使用,如木材、塑料、橡胶均可,亦可用来粘雪弗板与弗龙板。

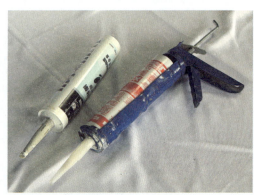

▲ 硅胶的包装筒和手动出胶的注胶枪　　▲ 一种手持式可充电的电动注胶器

图4-8　透明硅胶

透明玻璃胶的包装是一个前端可以连接一个出胶嘴的圆桶,需要借助一把注胶枪挤压出胶,使胶体像挤牙膏一样出条,其胶体呈透明膏状,气味较强。这种胶最适合玻璃使用,凝固后基本透明,看上去较整洁,所以常被用来粘玻璃鱼缸。它的抗酸碱能力和抗水蚀老化能力都很强,对室外安装雪弗板或弗龙板字的粘接效果很不错。玻璃胶也要24h凝固,粘接后需要临时固定。

以上简要介绍了5种常用胶,它们各有特点,大致总结如下。白乳胶一般只能用在室内,可用来粘接雪弗板之类的材料,其特点是粘接干净。大力胶适用材料广泛,甚至可以在水泥墙上粘东西,但对一些精致的东西粘接效果相对较差。3M之类的产品属于不干胶类,没有固化环节,总有临时感,虽然用着十分方便,强度也很好,但对于相对永久的粘接,尤其是室外,比如安装广告字或者粘接面不光滑时，还是不适合使用。502或"3秒胶"都是小包装用品，不适合大面积粘接，但它定型快，对用量不大的接缝等效果还是很强的，粘得也牢。玻璃胶是专用于粘玻璃的，由于它不怕水，有时候也用来粘瓷砖。另外它的原包装是密封的，需要切开封口使用，而且一旦开封就必须全部用光，否则无论怎么封口都会在短期内凝固，基本无法保存。"3秒胶"和502也有相同的特点，开封后保存期很短。

对于广告字的安装，如果字体较大，不论使用了哪一种胶，都必须辅助固定，如螺丝、钢钉等，尤其安装在室外较高处时，这是确保牢固安全的必要措施，以防意外脱落出现伤人现象。

二、案例：雪弗板万年历

素材参考图4-9的一个万年历工艺品。它是两块相互重叠的注塑版的透明有机玻璃组合而成的，后面一块印有日期，前面一块在背面印了绿色，并配合日期留了一组空白的透明圆孔。从圆孔中可以看见后面的日期，通过左右错动两者的位置，使里面透出的日期编组发生变化，表现日期与星期的不同组合。根据它的原理，用雪弗板来实现它的功能。

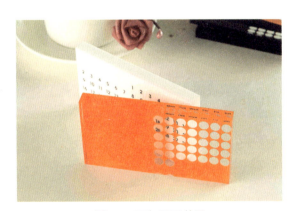

图4-9　万年历工艺品

雪弗板不透明，不能简单采用与素材相同的工艺。优质雪弗板通体洁白，如果设计应用得恰到好处，也可以得到不错的工艺效果。

根据雪弗板的特点和万年历的功能需求，将这个工艺品设计为三层，如图4-10所示。其中后面的底板层要刻一个宽槽，以容纳中间的日期层。日期层上面的日期排列需要合理计划，因为要和面板层上开的圆孔配合。开了圆孔的面板层要和底板层槽板粘接固定，形成一个中空的通道，让日期层能在槽中来回抽拉。日期层和面板层的左右错动是实现不同日期与星期编组的关键工艺。另外，为了让这件作品多一点趣味性和工艺性，本例设计了一个底座，并在面板上设计一些装饰图案。在面板左边设计两个方槽，并设计了用于拼年份和月份数字的小方块。这些小方块上的数字和编制的图案是经过精心设计的，它们分别可以编组成多个年份和12个月份，因为要把它们拼组出更多的年份和月份数字是要经过一番思考和尝试的，这就增加了这个工艺品的使用乐趣。

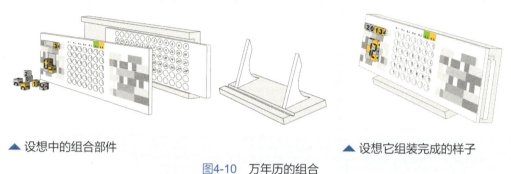

▲ 设想中的组合部件　　　　　　　　　　　　　　▲ 设想它组装完成的样子

图4-10　万年历的组合

图4-11是各组部件的正面图示。A插板上表现日期的排列方式是需要周密设计和试验的，它要和B面板上的圆孔对位，在两者左右错动时能够产生不同起点的月历模式。比如某月的第一天是从周一开始的，或者是从周二开始的，或者是从周日开始的等，这是这件万年历的关键环节。

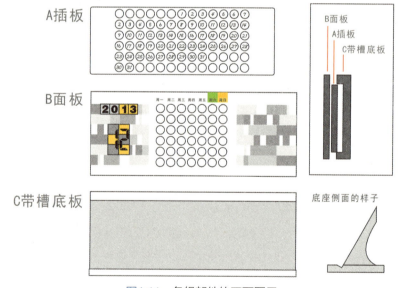

图4-11　各组部件的正面图示

这些零件的设计是一项需要开动脑筋的工作。所有部件的衔接、尺寸的匹配关系、加工和组装的程序、使用方法的计划以及需要实现的功能都要仔细考虑。这也是本书中比较考验空间工艺想象力的作业。通过这项设计，读者应当发现，原来广告材料与工艺不只是制作普通的广告制品，更是一项非常值得深入研究的综合技术。

以下通过图4-12详细说明设计计划和要领。

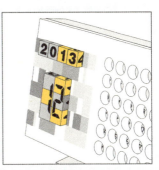

▲ 面板的左侧要预刻相应的方槽，以放置这些表示年份、月份的方块

▲ 小方块的编组过程就像智力游戏一样有趣

▲ 小方块放置好的样子

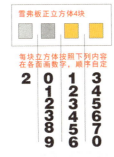
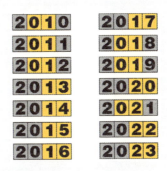

▲ 用于表示年代的方块共有4块，每块按照上图规定的内容制作数字和颜色，如第一块只需一个数字"2"，因为无需规定过多的年份

▲ 用这样四个方块至少可以组合出2010~2069这些实用年份

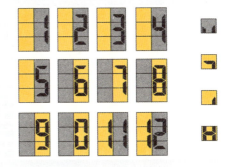

▲ 用于表达月份的方块需要6块，图中规定了每块方块每一面的图形和颜色

▲ 用这6个方块可以拼出这样的12个月份

图4-12 万年历的设计计划和要领

图4-13是雕刻文件，其中的标注和加工要求中有三个问题需要注意。

一是图中右下的底板座雕刻文件。因为需要雕刻一个直角槽，所以在平面雕刻图上只标了一条位置线，为了让雕刻技师能够看懂，在雕刻图的下面放一个断面示意图，以说明直角槽应有的样子。

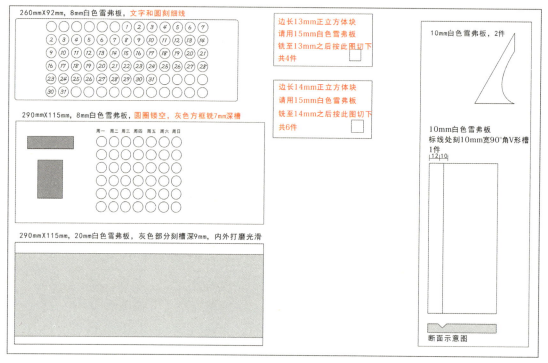

图4-13 万年历的雕刻文件

二是中间上面的两个图,是用于雕刻年份、月份的小方块。前面介绍过,市场供应的雪弗板厚度应该有10mm、12mm、15mm和20mm,本例中需要的两组立方体分别是边长13mm和14mm,市场供应中并没有恰好厚度的成品雪弗板可用,所以要用15mm的板,采用铣刻的方法,先刻薄至需要的厚度,然后再按图纸要求切割成方块。

三是左图面板上两个用来容纳方块的槽,首先注意它们的深度。雕刻文件中标注为7mm,而板材厚度要求为8mm,说明铣刻方槽之后还有1mm的底层,这是设计所需要的。另外是它们的宽与高,图中并没有标注尺寸,但在制作雕刻文件时,上面的方槽设计为宽53mm、高14mm,容纳了4块表示年代的方块(每块边长13mm)后宽高各余了1mm。下面的方槽则是横向宽29mm、高43mm,容纳6块表示月份的方块后(每块14mm)也是宽高各余了1mm,这是工艺上必需的配合余量。因为机械加工的成品在重叠并置时,客观原因一定会造成尺寸误差和叠加膨胀,容纳空间预留适当间隙是科学配合的需求,这一点需要读者认真对待,在以后的学习和工作中一定还有所需要。

雕刻文件中并没有关于颜色和年份方块、月份方块上的数字图形,这些需要用另外的工艺完成。包括方块的颜色,可以用电脑刻不干胶贴到方块上,也可以用丙烯颜料画上去。

三、案例：雪弗板彩色立体构成

图4-14是一个由上千张彩色纸板叠合起来的纸雕作品。类似的纸雕作品样式很多，都很漂亮，可搜集来进行学习试验，给读者提供灵感并设计出自己的作品。

类似这样的作品完全可以用雪弗板来实现。用CDR软件设计这样的文件比较简单，需要注意的是雪弗板要比纸板厚得多。计划一下板材的厚度、需要的层数、成品的体积等，然后依据层数计划每层内孔的收缩比和图形变化规律。

本例计划采用10mm厚的雪弗板25层，成品叠起来高是250mm，所以每块板的尺寸也计划为250mm×250mm，使成品为正方体（图4-15）。

参照纸雕作品，或按设计者自己的喜好设计每层的颜色（图4-16）。注意观察图中的颜色，因为它们叠合后外表还是白色的，所以每一块板上的颜色也不需要涂满，只要靠近内孔的附近有颜色即可。另外，这例作品的成品是多层叠制而成，欣赏的时候是从上面向下看，所以每张板的背面也无需涂上颜色。

图4-14 纸雕作品

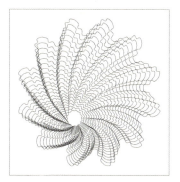

图4-15 成品形状图

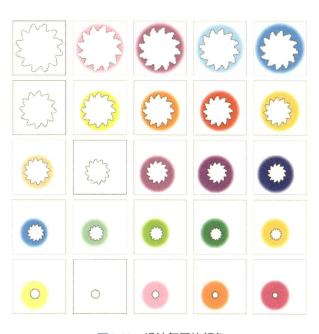

图4-16 设计每层的颜色

在对雕刻出来的成品板进行着色时，可以采用一种方便的喷漆用品，叫手喷漆，或者叫自喷漆。它外观的样子像金属罐装的手持喷雾杀虫剂，里面是调制好的油漆并预制了压力，使用时用力摇动，然后摘掉盖子按动自喷按钮，油漆会自动喷雾，一罐自喷漆大约能喷1～2m²。使用这种漆时要根据它的色标卡选择颜色，罐装的成品自喷漆同样无法任意调色，只能使用成品的固有颜色。手喷漆的色标卡也是由生产厂家自己定的，一个品牌的色标卡只适用这个品牌的手喷漆（图4-17）。

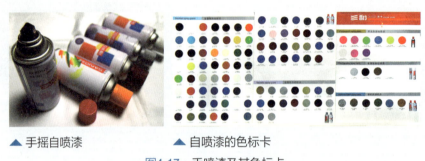

▲ 手摇自喷漆　　　　　　▲ 自喷漆的色标卡

图4-17　手喷漆及其色标卡

为了保证效果符合作者的设计预想，可以利用软件把这些设计好颜色的图样按实际顺序进行重叠，以便检验色彩效果（图4-18）。

确认满意后即可制作它的雕刻文件（图4-19）。雕刻文件可以没有颜色。

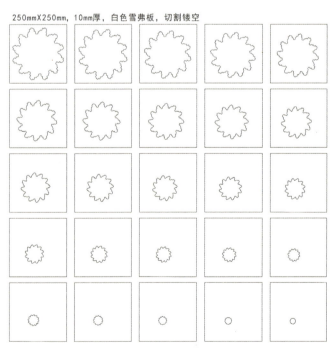

图4-18　图样颜色确定后的重叠效果　　　　　图4-19　雕刻文件

雕刻好的成品雪弗板需要去毛和打磨，喷漆可以用遮挡的方法。步骤如下：用报纸裁剪出洞口，遮盖在要喷漆的雪弗板上。每一张雪弗板的洞口大小位置都不相同，相应的报纸所需要裁剪的洞口也要变化。这个洞口只要比雪弗板上雕刻的洞口直径大40～60mm就可以，因为最靠近的两张雪弗板重叠以后，从上面看下去，露出来的最宽处不足20mm。这样依次喷好每一张雪弗板，单面喷漆，确保顺序，确保方向，不能喷反。自喷漆喷好后要放置一天以上才会固化完好，喷漆固化之前不要重叠它们，防止没干的漆相互粘连，破坏了漆层。

成品叠起来后它们的外侧也应该收拾一下，因为它们可能没有想象的那么规整，这也要看作是对作品的质量要求。

本课小结

因为有了前几课的基础，读者对于雕刻的工艺已经有了认识，这里只介绍了两种较为专业的广告雕刻材料，即雪弗板和弗龙板。读者需要实地认识一下它们的真实样子，要有近距离感官体验，感知它们的质感、重量、硬度等，或利用一些简单工具切割一下，感受一下它们的特征。设想除了课堂讲的，它们还能被用作些什么。

拓展实训

（1）走出学校，到有商业招牌的街头，以及商场、学校、企业、办公楼等各类公共空间里找一找，看看哪里有它们的身影。到广告制作企业去看一看、问一问，雪弗板、弗龙板都用在了哪里。有机会就和经验丰富的广告制作人聊一聊，了解这两种材质是否从一开始就用于广告制作。

（2）请读者发挥一下自己的智慧和艺术技能，利用雪弗板、弗龙板和数字设备，设计一个更有使用价值和欣赏价值的作品。

第五课　多种雕刻材料的综合制作

一、关于综合材料

前面讲过的双色板、亚克力、雪弗板和弗龙板，它们基本属于雕刻机专用广告材料。除此之外，一些木材、钢板、装修用的某些材料同样可以适用于雕刻机，成为广告制作材料。从工艺层面说，任何可以加工成型的东西都可能为广告制作所用。而且，实践中很多广告制品是用了多种材料共同完成的。

这里就再介绍几种跟雪弗板或弗龙板类似的材料，如果把这些材料，包括其它我们所能想到的可用材料都用在广告制作设计中，会使制作领域的材料表现更加丰富。

1. 密度板

这是一种典型的家具材料，由木屑加入聚氨酯材料人工合成。密度板的质量特性很像木材，自身性能良好，比如不翘曲、不变形，可切、可锯，更可以雕刻。与实木相比，表面缺少了真实木材的纹理，而且其握钉能力略差，也就是靠钉或木螺丝固定时容易脱钉。密度板适合多种表面处理，如烤漆、贴面等，所以在家具制作中应用十分广泛，尤其是雕花隔断，更使密度板成为装修建材的新宠。

由于密度板没有肌理方向，横竖强度都一样，材质也较细致均匀，特别适合广告雕刻（图5-1）。

▲ 密度板料样　　▲ 密度板装饰　　▲ 密度板镂花窗

▲ 密度板文化图片墙　　▲ 密度板雕刻字

图5-1　密度板

2. 铝塑板

铝塑板是典型的表面装饰材料，专用于墙体贴面。它本身有多种颜色，也有多种仿制纹理，如仿木纹、石纹、金属纹等。它是由一层2～3mm厚的塑基板在两面覆了很薄的铝皮所制成的。经过在一侧裁浅槽之后，铝塑板可以折出很好的直角，而且表面的铝皮还可以是连续的，所以用作贴面很漂亮。因为质量的不同，比如塑基板层有薄有厚，表面铝皮也有薄有厚，所以它所适用的场合也有区别。强度好的可以做外墙面，或者可以直接做单层装饰。强度差而薄的铝塑板需要覆在其他板材装饰的基础表面，但因其容易脱落开裂，所以不适合长期用在室外。

在广告制作中铝塑板有时可以用于饰面雕刻，比双色板效果更好。因为它强度远比双色板好得多，而且一张铝塑板的尺寸是1200mm×2400mm，面积大于双色板，可以雕刻较为大型的作品（图5-2）。

▲ 铝塑板雕刻制作的工艺装置　　▲ 铝塑板制作的招牌

图5-2　铝塑板的应用

3. 木板

广告制作中所用的木板大多是人工板，一般为规则板材。其优点是幅面大，不易开裂变形，板质均匀。比如指接板、欧松板、复合板等，可以和普通雕刻材料一样使用在广告制作中。广告制作有时也会用实木材料，主要是利用它的表面质感和木材纹理。木板可以制作浮雕，可以制作各种雕花，也可以设计立体字、导向牌等（图5-3）。

▲ 木雕刻机工作中　　▲ 木板招牌　　▲ 复合板雕刻文化墙

图5-3　木板的应用

除了以上所讲的几种材料，石材、玻璃、陶瓷等材料也可以成为广告制作材料。可以加工它们的数控设备，除特种机械雕刻机外，主要是高压水切割机，对此本书后面会有相关介绍。

二、案例：幼儿园门牌

门牌是室内广告制作最常见的小型标识牌。从视觉识别（VI）设计角度说，它属于导视系统。所谓导视系统，是在VI品牌规范下的视觉识别系统的一个组成部分。用在企业环境中时，导视系统是从远及近，从外观到内部，包括企业名称标识牌在内的视觉标识系统，它用来标识企业内部功能，如区域、方位、各办公机构分布和位置，以及为来访者导航引路。标识牌具体包括厂名厂牌、企业内机构分布指示牌、区域内路引牌、办公室门牌等。这个导视系统在广告制作业内已形成了一个完整行业，专业设计生产各类导视导引牌，绝大部分产成品已经机械化、产品化，而且市场上也有了许多相关配套组件。

尽管如此，一些有个性需求的单位还是希望有体现自己特点的新颖设计，比如幼儿园，大多数人不喜欢产成品的机械造型，没有儿童情趣，也缺少情感，看上去不亲切。如此说来，专属设计、独立制作就使设计者个性发挥有了一片自由空间。

图5-4是为一所新办幼儿园设计的门牌。

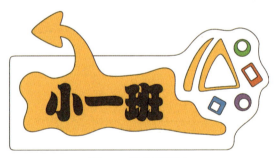

图5-4　幼儿园门牌

门牌的尺寸一般都是长300mm左右。本例设计希望主体部分是透明的，也就是选用透明亚克力，有颜色的部分用双色板。与亚克力板相比，双色板比较轻，可选颜色相对多些，雕刻起来也相对容易。

门牌是两面看的，要考虑到正面文字和反面文字可能会重叠。如果完全是透明板，当采用一面贴字时，从反面看字就是反的。如果采用两面贴字，正、反两面的字笔画不能完全重合，从哪一面看都会很乱，这就是本例设计要解决的问题。

在字的周边设计一个不透明的曲线图形，把文字完全套在这个图形里，即图5-4设计稿中的黄色图案，如此一来，背面的文字被完全遮挡，从而使两面的字互不干扰。为了增加童趣，标牌的剩余空间加了一些小的色彩装饰，这些图形组合同时也是该幼儿园VI识别中辅助识别图形的组成部分（图5-5）。

图5-6是模拟这个小门牌各零部件的空间关系的示意图,可以直观理解设计意图。

图5-5　门牌中的色彩装饰

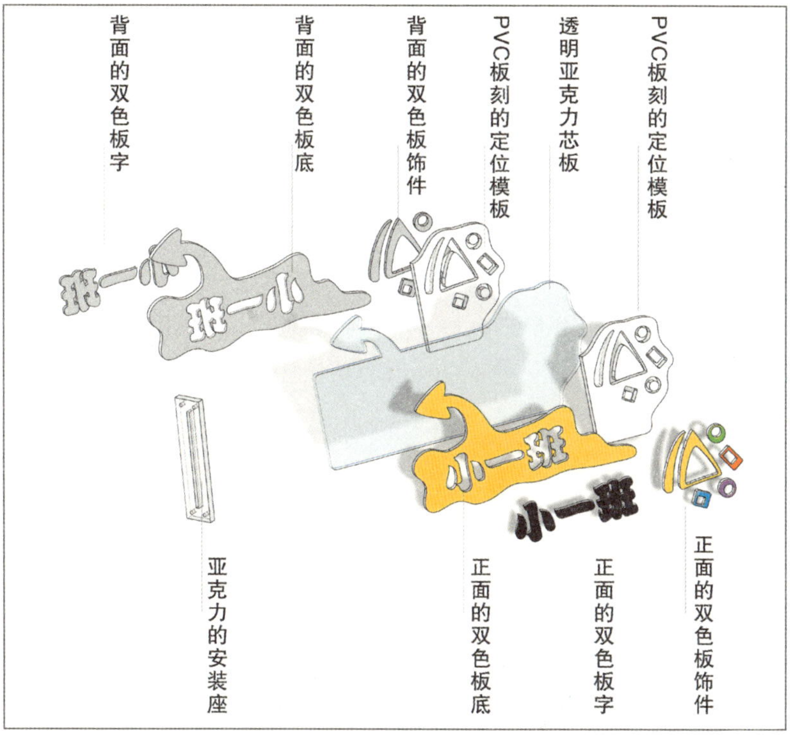

图5-6　门牌各零部件的空间关系

理解了工艺计划,就可以制作雕刻文件了。

图5-7是制作好的雕刻文件。其中首先是成品平面图,用以表明它的成品样式。然后是各种材料的分解工艺、需求数量和材质、颜色等。图中右上部有一组小图,下面标注了"ABS板刻漏"。这是一个模具板,门牌上的那些双色板零散小块,如果要使普通工作人员在没有美工现场指导时也能正确地粘在应有的位置上,这个模具板就是很有必要的。模具板的外形与门牌底板的一角完全吻合,把它叠放在门牌底板上对齐,那些小的双色板块就可以按照漏板对位粘贴,不会有差错。

图中还有一处注明"S-106双色板镂空,字空保留",指的是双色板图形在雕刻后,笔画间的碎片要保留,防止雕刻技师将其误作废料丢弃。

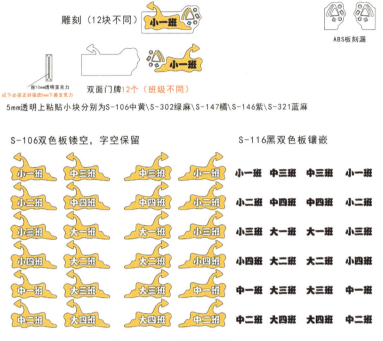

图5-7 幼儿园门牌的雕刻文件

图5-8是雕刻完成后小部件组装时的照片,以及安装后的样子。

图5-8 成品展示

三、案例:化学元素周期表

这一例是为一所中学设计的化学元素周期表,这是初高中阶段必须要用的工具表。把枯燥的周期表稍稍作一些变化,让它好看起来,对促进学生在欣赏中加强记忆是很有帮助的,所以广告设计有时候不仅是美术设计和简单的设计传达,还包括功能设计。这一案例计划采用轻而且较为廉价的双色板、弗龙板这两种材料,以期达到视觉上超越材质的、较为高雅的艺术装饰效果。

图5-9是化学元素周期表设计稿。

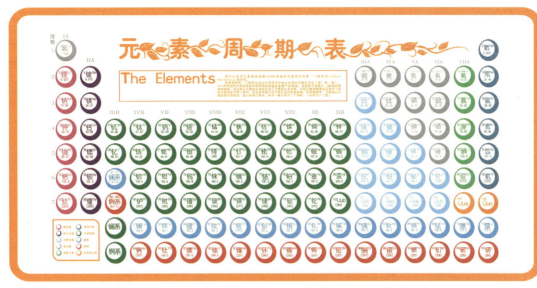

图5-9　化学元素周期表设计稿

1. 形式设计

首先在形式上应适当地增加一些立体感，在色彩上采取色阶构成。为了让效果更加立体，整个底板用两层弗龙板，最底一层略大，露出的边缘喷中黄色漆。上面一层是白色，两层呈塔式重叠。元素符号的一个个圆盘是立体的，表面用双色板，下面是有厚度的弗龙板，选择弗龙板是因为它比雪弗板轻。其他文字、装饰花纹等均用双色板。

2. 局部细节工艺说明

在标题下面有一些很小的说明文字，设计时要在电脑中确认一下最小字的尺寸，以决定对此采用何种工艺。整个元素周期表设计长度为2.4m，高度为1.2m，按照这个比例，说明文字中最小的字是10mm，可用双色板完全镂雕。但镂雕的结果是笔画散落，为组装增添了麻烦。为此，说明文字部分，包括前面的英文，要用完整的双色板二维平铣，使之成为一个长方形的整片，而不是许多零散的笔画。

所谓二维铣，就像刻印章的样子，包括阴刻和阳刻两种。阴刻指刻下文字成为谷，留下空白成为台；阳刻指刻下空白成为谷，留下文字成为台。如果用双色板雕刻的话要尽量减少平铣的面积，既节省时间又可提高质量，这样的话不同的雕刻方式就要学会选用不同的双色板。以图中说明文字部分为例，如果选用阴刻，就要用白色面中黄色底的双色板，这时只需刻下文字和边框即可；如果选用阳刻，就要用中黄色面白色底的双色板，这时需要刻掉所有空白区的白色部分，显然工作量是比较大的。从效率角度讲，这一例看似应该采用前者，即白色面中黄色底的双色板阴刻文字，但这仅仅是理论上的结论。从实践经验看还有相反的结论。因为双色板的制造工艺是在一张有色的底板上通过丝网涂刮一层表面漆，白色面中黄色底的双色板，其白色的面漆会隐隐透出底板的黄,所以它的白显得有些不干净,尤其在强光下更是略显陈旧。从视觉效果上说还是应当选择黄色面中白色底的双色板,由于整个板的材质就是白的,刻去表面色后露出的底板的白色看上去要纯净得多。所以,尽管这一选择会降低加工效率,但好在雕刻过程是自动化操作,实践中加工企业也并不因此而多计成本,只是耗时会长一些,但效果会更优,因此相比之下还是选择后者为宜。

在广告材料与工艺的学习过程中,对材料的逐步认识、对某种材料与所需工艺的了解、对相应的美术设计和工艺设计的配合是这一课的中心目的。而在实践中能有更多经验的学习却是更加难而重要的环节。限于教材的结构和篇幅的制约,本教材中关于实践经验可能提及的不多,读者应借此自行延伸教材内容,不断到实践中寻找更多要领,这些往往是更具决定性的技术。

图5-10用一张空间透视图帮助读者弄清这个化学元素周期表的结构工艺。

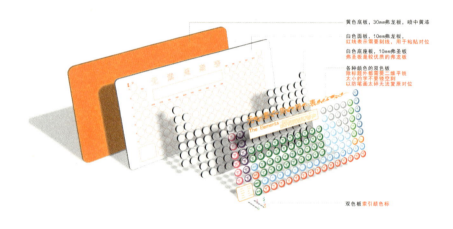

图5-10　元素周期表结构工艺的空间透视图

现在读者可以发挥一下自己的智慧和创造力,仔细看看图示的分层方式是否还有不妥,有没有哪些层可以增加或简化,又不影响立体层次和颜色。

3. 用料排版

既然表面一层有色部分全部计划用双色板,这些颜色就必须按双色板的色标卡来计划。下面把制作文件按照雕刻工艺的需要分解开来,为了减少后期工作,也为了节省材料,这个例子把相同材料归类并紧密排列在材料的原始尺寸里,与第一课的双色板工艺画的排版类似。这里的部件都比较大,也完整,外形统一,雕刻后的零件不会像工艺画那么零散、难找,因而用料排版以省料为优先。

另外要注意一下雕刻文件,大的底板上粘贴元素表圆盘的位置都保留了刀痕文件,要求这些刀痕要浅,用来粘贴圆盘对位。浅刀痕不明显,粘贴后会被圆盘遮挡,没有任何视觉影响。

图5-11是完整排列的材料分解文件，图中大的方框是对应雕刻材料完整尺寸的边界线，文件都是按1∶1比例制作的，雕刻零件按材料和颜色分类后一件件摆在对应的方框里，这就是材料计划。如果将这个分解图放大细看，会发现有些角落里也被塞入了更小的零件，其目的也是节省材料。

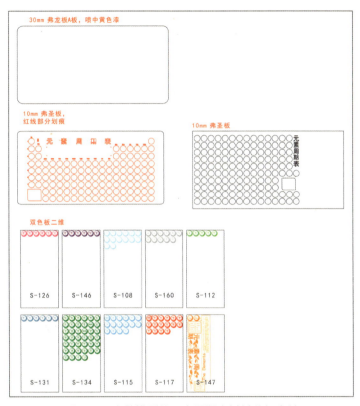

图5-11　完整排列的元素周期表材料分解文件

4. 注意事项

在摆零件的时候要注意，通常雕刻的程序如下：雕刻机首先会雕刻出表面的图案和文字，然后切割下来一个个零件。在切割的时候，雕刻刀有一定直径尺寸，也就是说切割需要消耗一定宽度的材料刀缝。越是切割厚和硬的材料，需要的刀的强度越高，刀缝也就越宽。20mm厚的雪弗板通常需要用3～4mm直径的刀，也就会有同样宽的刀缝，刻20mm厚的亚克力板就要用多于5mm的刀缝。即便采用激光切割，也会有1～2mm的切割线。这个情况说明，零部件的排列是不能靠得过于紧密，一味地节省材料，而应当按照板材的厚度、硬度和需要雕刻的设备计划一下零件之间预留的间隙。保守地讲应该全部留5mm以上为妥。

雕刻文件图中表示材料颜色的编号文字有的压在了雕刻图形上，这没关系，因为它们不属于雕刻内容，不会引起误会，雕刻技师在执行雕刻前会自行处理。

图5-12是成品照片。

图5-12 化学元素周期表的成品照片

四、案例：幼儿园照片树

这是为一个幼儿园制作的用于展示幼儿园风采照片的宣传栏，设计师把照片的位置设计为树的果子，图5-13是其设计方案图，图5-14是方案效果图。

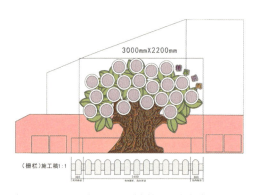 

图5-13 幼儿园照片树的设计方案图　　　　图5-14 照片树的方案效果图

树的设计高度为2.2m，宽度为3m，形体较大，需要厚一些才有立体感。设计师计划用弗龙板为主体材料，弗龙板质地轻且较经济，有颜色的部分可以用双色板，对颜色表面质感要求不高的部分或面积较大时可以考虑喷面漆。

图5-15是雕刻文件稿。需要注意的是，其中主要材料部分标注的不是"弗龙板"，而是"弗圣板"。这不是名称错误，也不是另外一种材料，而是实践中相对优质的一种弗龙板品牌。因为对低成本的追求，市场供应的弗龙板逐渐廉价化，质量也逐渐粗糙，而对优质板仍然有所需求，只是量会相对少些。为适应不同的需求，市场上有了多种不同质量和价格的弗龙板

供应，比如弗圣板，还有弗龙A板、弗龙B板，它们的质量和价格是逐次降低的。但这只是厂家和供应商的称法，并没有规范的标准名称。在不同地区工作时需要注意，或许某些地区会有另外的名称，使用时需向供应商询问清楚。

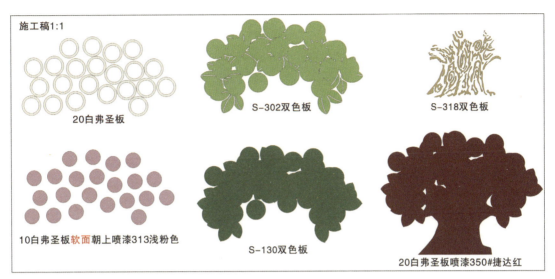

图5-15　雕刻文件稿

图5-16是这组设计的成品安装过程，供读者参考。

▲ 安装第一层。因为树冠处大部分面积会被下一层遮盖，所以只把能露出来的部分喷了漆。安装时主要用大力胶，适当用些水泥钢钉，以保耐久

▲ 粘第二层时是弗龙板与弗龙板结合，只用大力胶即可

▲ 粘第三层叶子

▲ 粘最外一层果子和树干上的纹理

▲ 成品置于环境中的样子

图5-16　成品安装过程

以上用三组实例具体讲解了综合雕刻材料的设计制作过程。三组案例主要使用了亚克力、雪弗板、弗龙板、双色板等，这些都是广告制作中最常用的材料。通过这三组案例，读者也应该了解到，广告工艺用品的实用性、装饰性是可以将设计师的设计能力发挥到淋漓尽致的。当然，只要你充分了解各种材料的特性和适合的工艺、适合表现的形式，广告材料也是可以任意使用的。从广义讲，广告工艺制作中可以被设计师应用的材料还可以扩展，这就需要设计者以学到的知识为起点，到实践中去继续了解和学习。

为了让读者多一点了解，以下再简要补充一个实例，希望读者能够从中体会到，广告工艺是有规则而无界限的。

五、案例：店仔全手工制作

制作一个店仔，体验普通材料的高级用法。

所谓店仔就是商场里的立体偶，相当于把VI设计中的吉祥物制成了立体模型。

图5-17是设计方案图，它的设计构思来源于店的名字。

这个店的店名叫"尚品"，店面有一处橱窗，里面需要设计一件有特点而且吸引人眼球的东西，于是想到了店仔。设计方案来源于一只金刚鹦鹉，整体是"尚"字的变形，中间的三只眼睛是"品"字，加到一起是"OK"的手势。

关于它的制作，在这里介绍一个简易的方法，看看如何用手工实现一个看上去很讲究的高级店仔（图5-18）。

图5-17　立体偶的设计方案图

第一部分
雕刻工艺和雕刻材料

▲ 原料为100mm厚的苯板，即泡沫板。但市场常见的普通板比较疏松，需要高密板，成品苯板每张宽1m、高2m，需要七层，大约要五张

▲ 设计图形可以直接画在苯板上，先切中间一层最大的。泡沫板很容易切，用锋利一点的壁纸刀就可以

▲ 准备一个洗车用的简易喷水器，用来清理因静电而粘在身上的泡沫碎屑，非常有效

◀ 粘上第二层苯板继续切割。苯板对一些挥发性胶很敏感，很容易被侵蚀，需要用苯板专用胶

◀ 这样一层层刻完，用锋利的壁纸刀把表面处理得工整些，也可以用粗砂纸大略打磨一下

图5-18　店仔的简易制作过程

现在要考虑一个问题了，如何处理表面的颜色呢？可以考虑继续手工完成，首先需要在表面均匀涂满一层乳白胶，待凝固后用石膏泥底料平涂并尽量填平所有小的刀痕，凝固后打磨，然后喷自喷漆或刷丙烯颜料，这是一项比较耗精力的工作，外观效果一般。

因为这件作品是要摆到商场里，需要更好的表面效果，所以此例需要家具厂专业的喷漆技师和设备来完成面漆。

图5-19是完成后的成品照片，表面看上去很有玻璃钢制品的效果，摆在商场里十分帅气。

图5-19　成品

本课小结

这一课稍稍扩展了一下,帮助读者进一步了解了更多的广告材料与工艺,其实广告材料几乎可以使用任何可用的东西。课程开始的时候介绍了密度板、铝塑板、木板,后来又在实例中用了高密度泡沫板,其实在实践中还有很多材料可用,如石膏板、玻璃钢、普通玻璃、石板、陶瓷等。

拓展实训

(1)根据所学的知识,希望读者能够好好欣赏一下身边所有可及的环境,是否能够发现更多新奇材料的用法实例呢?往往是那些用最普通材料所制作的不普通作品最具欣赏性。

把真实所见拍下来,按照高档、中档和普通的制作等级进行仔细分类,看看那些高档的制作是因为什么而高档,是因为材料好?制作设备好?设计好?还是工艺好?

(2)尝试设计一些更为独特的广告制品,可以使用任何能想到的材料和工艺。经验告诉我们,初涉独创的读者常喜好猎奇,不走寻常路。但好的创意都是建立在有丰富的实践经验和阅历的基础上的,否则容易流于表面形式,使自己的作品在某些环节总是像半成品。所谓经验,一定要先学习成功作品的工艺,之后再去发挥。就像学习书法,一定要临摹到本质的功夫才有可能练出拥有自己个性的字体。

教学课件

第二部分

喷绘写真

喷绘是室内外广告画面的重要制作方式，本部分讲述了喷绘设备、喷绘新技术、喷绘文件的分辨率和喷绘的介质，工作中的经验总结，以及需要注意的一些问题。同时通过代表性案例讲述了喷绘文件的制作要求、制作方法及注意事项。

- **知识目标：**

  了解喷绘的种类、用途、特点，喷绘文件分辨率的设置要求，喷绘介质的种类、特性和适用项目。

- **技能目标：**

  能够通过沟通获取客户的项目要求，比如应用场景画面规格、画质要求以及工艺要求等；能够根据客户的需求使用设计软件制作符合喷绘机使用要求的喷绘文件，检查喷绘画面，向制作企业下达后期工艺制作要求，如覆膜、裱KT板、灯箱等，检查最终成品。

- **素质目标：**

  培养正确的工作态度，养成良好的工作习惯，在工作中注意细节问题，积极学习前人经验。

第六课　喷绘写真概述

一、关于喷绘与写真

关于喷绘大家应该不陌生了，但人们有时说成写真，有时说成喷绘，它们到底是同一工艺的两种说法，还是指两种工艺？首先，不管是写真，还是喷绘，小到几寸大的相片，大到上百、上千平方米的户外广告，都是使用彩色喷墨打印机制作的，即利用彩色喷墨技术制作彩色画面。

广告喷绘机总体分为两种类型，一种是户内广告喷绘机，另一种是户外广告喷绘机，它们和彩色喷墨打印机一样，用的都是液态墨。

户内喷绘机和小型彩色喷墨打印机基本用水性墨，就像水彩颜料，喷绘介质也以纸质偏多。虽然打印出的彩色图片很漂亮，清晰度也高，但极其怕水，一个小水点溅上立即就溃了。在实际广告制作中如此怕水的广告画面是很不实用的。为了尽量防止水损，会有一些具体的保护措施，如覆一层冷裱膜，即一层覆胶的透明软膜，覆在表面之后隔离了墨层与外界的接触，画面就能够受到很好的保护。水性墨还有一项弱点，就是怕紫外线，即便是在户外受到遮挡了直射阳光后的散射天光，也会引起褪色。但由于水性墨具有更精细的技术研发空间，可以生产出超高清的喷绘机，被称为微喷技术，以实现几乎可以超过彩色照片洗印的画面精度和色彩精度，配合特种喷绘纸，用来专门喷绘高品质摄影级作品或用于绘画艺术品的高仿真制作。

户外广告喷绘机使用油性墨，性质类似于油漆，喷到介质表面后需要风干或烘干，有些机器上有自动风扇。这种油性墨喷出的画面不怕水，不怕紫外线，因而也不怕阳光，所以专门用来作户外的广告画。但油性墨相对黏稠，不容易形成如同水性墨那么微小的墨点，难以实现水性墨那么高清细腻的画面，而是比较有颗粒感，适合大幅面广告和远视距的广告。这一类喷绘机大多以比较粗放的涂刮层纤维布为介质，即灯箱布或灯布，布质为柔性，不怕雨水。

两种类型喷绘机清晰度的明显区别、户内专用和户外专用的明显分界以及通用介质材质的区别，让人们自然地将它们分类为写真和喷绘。高清户内类被称为写真，粗放的户外类被称为喷绘。其实它们两者最原本的概念是没有区别的，如果稍稍溯源的话，用在广告中的写真一词来自日本，他们把个人艺术摄影图片或以人像为主的广告画称为写真。写真一词传入我国后，这种广泛用于商业广告的大幅喷绘画面就被广义的称作写真了。这些年，随着喷绘技术的广泛普及和种类的日益增多，大家从直观的感性概念出发，自然地将高清喷绘称为写真，将户外喷绘称为喷绘。但这一分类是不明确的，从专业的角度讲也还是界限模糊，实际生产中也没有刻意地明确过，似乎也没有区分的必要。

二、喷绘新技术

随着社会上对喷绘产品需求的日益增加，对其介质类型的需求也日益丰富，喷绘不仅可以用在柔性广告画面上，还可以使用在玻璃、平板陶瓷、平板塑料，以及雪弗板上。过去的方式是喷绘在背面有不干胶的介质上，然后裱糊到硬质平板上，近年有了专业的平板喷绘设备，主要采用了油性墨、光固化技术，在喷墨头两侧加装紫外灯，喷绘的同时直接使墨固化，这种技术又称为UV技术或UV喷绘。UV喷绘还能设定重叠喷绘，使油墨叠厚，使画面呈现微微的立体质感。并且油墨有很好的覆盖力，这使得包括透明的玻璃、金属面的铝塑板、不锈钢板、瓷砖、壁纸，以及几乎一切可以展平的东西都可以成为喷绘介质，从而让彩色画面能够轻易表现在更为广泛的材料上。UV喷绘如同烤漆技术，所喷绘出的画面不怕阳光、不怕水，能在多种环境中适用（图6-1）。

随着喷绘技术不断地更新换代，喷绘设备的分类不仅没有形成共识，反而更不明确了。如今很多设备在墨和喷墨头等核心技术上都有突破，使得使用水性墨的室内高清写真喷绘有可能用在室外，而使用油性墨的室外喷绘机也在不断地向高清领域进军，广告设备的界限越来越不清晰。

▲ 小幅照片写真机　▲ 中幅喷绘机　　▲ 大幅户外喷绘机　▲ 大幅平板喷绘机

图6-1　喷绘机

除此之外，近年又出现了数字墙画技术，原理一样，相当于将较大幅面的数字喷绘机拆解后将喷头竖立成与墙面平行的角度，将底座设计成沿墙面直线平移的水平导轨，再在垂直方向设计出立向导轨，两组导轨在数字电脑的控制下，在墙的平面上形成上下以及水平方向的两向运动，从而实现墙面的平面喷绘。

数字墙画设备被称作墙画机，或智能墙体彩绘机，使用时在电脑上预制画面就可以。其使用的彩墨是水溶性的，干后可简单打理，但怕水湿。目前市场上的墙体彩绘机承诺分辨率最高达1440dpi，喷绘最快速度为8m^2/h，但在最高分辨率下不足1m^2/h。通常家庭墙面画不需要太精细的分辨率，采用360dpi、3~4m^2/h时的工作效率还是可以的。墙画机的工作幅面大多都能满足家庭墙面应用，有些甚至可以完成长6m、高2.7m的画幅。还有热转印技术，具有一件可印、平面立体可印、多种材质可印的优势，也被广泛使用。图6-2是用喷绘技术完成的产品。

▲ 普通户外喷绘技术

▲ 普通室内纸基喷绘技术

▲ 超高清照片专业输出设备（专业相纸表面设计有复杂的树脂涂层，可在喷绘完成后自动封闭表层，达到防水防晒的效果）

▲ 车贴广告贴（有一定拉伸性，能随车体表面起伏贴严）

▲ 普通喷绘贴纸，贴附在广告体表面，不发光

▲ 透明贴，既有画面，又可透光

▲ 布艺专业热喷机，可以配合加热固定画面的设备在T恤上喷图画

▲ 单体的T恤专业喷绘机

▲ UV技术喷绘在KT板表面，制作成广告展示台

▲ UV技术喷绘在亚克力表面，配合灯光实现超薄灯光效果

▲ 3D技术和3D打印机不同，它是利用厚堆技术，在画面上制作立体浮雕效果

▲ 喷刻一体机，即在KT板或较薄的雪弗板表面利用UV喷好画面，雕刀自动对位切下外形

▲ 布料热印花技术，利用热升华喷绘技术将设计好的花样喷在纸上，用图中的这种热印机对印在布料上

▲ 轻型热转印技术，是利用多种热转印模具，可以实现多种小产品的表面图案印制，适合少量起点制作

▲ 数字墙画（彩绘）机

图6-2 喷绘完成的作品展示

三、关于分辨率

要制作喷绘文件，分辨率是个不易说清又必须说清的问题。电视屏幕、电脑屏幕、数码相机的成像都有分辨率，印刷品、打印喷绘产品也同样有分辨率。简单说所谓分辨率是指图像清晰度，分辨率越高，画面就越清晰。这些图像都是视觉模拟画面，它们的微观都是无数微小的成像单元，这些成像单元就是分辨率的计算依据。可以说，成像单元越是微小，画面中需要的单元就越多，所构成的画面就越精细，当然清晰度就越好，也就是分辨率越高。

其实单纯的分辨率并不难理解，重要的是上述设备中所体现的分辨率并不完全是一回事，在广告画面的设计和制作过程中，如果不能分清分辨率在不同设备中的视觉表现，就可能由于技术误解造成资源的浪费。

为了说清问题，首先把上述设备划分为四个类型，显示屏幕类、数码影像类、印刷品类和喷绘写真类。

屏幕类包括电脑屏、电视屏、数码相机的预览屏、手机屏等，它们的分辨率是从一生产就固定了的。比如宽屏电脑的分辨率一般为1920×1080，即横向1920个、纵向1080个成像单元。在这里，我们可以把成像单元理解为微小的彩色小方块，那就是横向1920个、垂直1080个小方块。听起来好像数字很大，但它们确实很小，小到我们肉眼难以看见。以14寸笔记本电脑显示器为例，宽是285mm，每个像素才0.1mm宽。大多数电脑屏幕分辨率是一样的，屏幕大时成像单元就大，屏幕小时成像单元也小。而普通电视的分辨率还没有这么高，现在的4K显示器会达到3840×2160。

数码影像类是由拍摄时选择的像素决定的，比如1400万像素的照片分辨率为2560×1920，把这张照片放到电脑屏上，无论放大看还是缩小看，它的视觉画面质量都只能是电脑屏的分辨率。比如放在1920×1080的电脑屏上看，满屏时横向视觉像素是1920，缩小一半时为960，而照片本身的像素并没有变。

印刷品类画面的分辨率是以一英寸（一英寸≈2.54厘米）长度为计量基准，比如200dpi，是指一英寸内有200个成像单元，即小墨点。

喷绘写真类也是以一英寸为计量基准，比如彩喷机为1220dpi，是指一英寸内有1220个成像单元，即小墨点。

把电脑屏幕也换算成英寸基准，假定是17寸宽屏，它的横向长度大约为14.8英寸，以1920×1080的分辨率计算，这个电脑屏大约一英寸有130个成像单元，相当于印刷品或彩色打印机的130dpi。可见，在一般彩喷机、印刷品和电脑屏之间，电脑屏的分辨率为最低。

这些理论性较强的数据听起来可能有些费解，但就是这些不同决定了实践中的设计经验，乃至工作效率的不同。

将同一张数码图片做PS处理，以模拟不同电脑分辨率下的直观感觉变化。图片宽度都是1英寸，分辨率从左至右逐渐变低（图6-3）。

图6-3 分辨率逐渐变低的直观感受

从以上图片可以感觉到，画面为80dpi时像素已经不清晰了，160dpi时画面质量良好。图6-4是彩色喷绘画面在不同分辨率下的直观感觉。

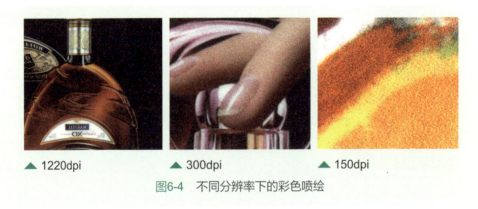

图6-4 不同分辨率下的彩色喷绘

从这一组图片发现，彩喷画面在300dpi时仍有磨砂感，1220dpi时画面才感觉良好。

> **拓展阅读**
>
> 为什么彩喷画面要达到如此高的分辨率才能得到良好的画面呢？这是由成像单元

的构成方式决定的。电脑屏、印刷品画面内的成像单元都是有序排列的，彩喷画面的墨点是无序排列的，画面的色彩和浓淡是由这些墨点的密度决定的。加上各种颜色墨滴的反复层叠会引起墨点间的微观渗透，使得同等密度下的画面有粗糙感。要想达到人眼难以察觉的质量必须有更小的墨滴、更精微的密度。

图6-5分别是电脑屏幕、印刷品和彩喷画面放大后可见的成像单元。

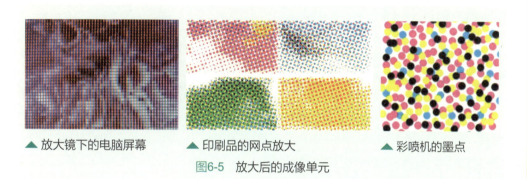

▲ 放大镜下的电脑屏幕　　▲ 印刷品的网点放大　　▲ 彩喷机的墨点

图6-5　放大后的成像单元

可见，电脑屏幕或数码影像的分辨率只要达到相当于80dpi就能满足一般近距离观看，而彩喷画面中需要达到1220dpi才行。当在电脑上设计画面时，即使为了满足2440dpi高清彩喷画面的喷绘制作，也无须在电脑上设定如此高的分辨率。举个夸张一点的例子，假如要制作一幅2m×2m的室内高清广告，使用的喷绘机是1220dpi，在PS软件中建立一个如此规格的画面文件时，其文件大小即已达到了25.8G（图6-6），这么大的文件普通电脑是无法运行的；同样尺寸的画面把分辨率改为300dpi时，文件大小也已经是1.56G了（图6-7）。而且这只是新建的空白文件，在PS设计过程还要进行图像处理，增加图层和各种效果，处理文字等，文件大小会成倍增加，很大程度上讲是没有效率的。

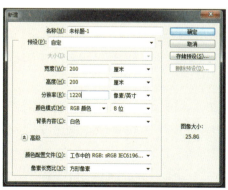

图6-6　PS中1220dpi的文件大小

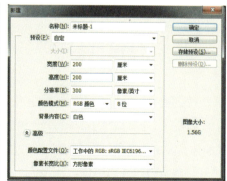

图6-7　PS中300dpi的文件大小

那么在PS软件中设计画面时该如何设定分辨率呢？其实，无论在什么媒介上看图像都是要满足人眼的分辨能力。当采用300dpi以下分辨率喷绘时，人眼在彩喷画面上看到的其实是墨点，而不是影像的像素。彩喷或电脑各自执行自己的程序，电脑设计不能单纯从彩喷机的分辨率上找答案。通常来说，电脑上设计的80dpi的分辨率完全可以满足彩喷机300dpi的精度需要。关于这个问题，本课后面会用几组设计实例，帮助读者找到最佳答案。

四、喷绘介质

1. 关于喷绘介质

喷绘机的介质材料就是喷绘使用的纸或者布。普通喷绘机对介质是有要求的，通常其表面都要有一层特殊涂层，这是为了达到理想的画面质量设计的。喷绘机用的都是液体墨，分彩色和黑色，彩色墨又有红、黄、蓝三色，这就是通常说的四色喷绘机。有的喷绘机另有两种彩色的补色而称为六色机。还有更多的分色机型，这都是为了追求更高的打印精度和色彩还原度。

无论是多少种颜色墨的打印机或喷绘机，其墨都是如同水彩一样属于透明色，它们之间可以相互混合产生视觉彩色。但首先这种墨没有覆盖力，而且画面的浅色或白色依靠的是介质的白，所以不能在深颜色介质上打印出浅色画面，要想保证喷绘画面颜色真实，介质必须尽可能白。其次，墨滴再小也是液态，它们被喷到介质表面后可能会有渗散，墨滴之间会有融合，这会影响图片精度。要想达到理想质量，需要在喷绘机所使用的介质表面涂一层涂布层。但各种喷绘机来自不同的厂家，它们都只能使用适应自己标准的墨和介质，否则无法保证输出图片的质量，基本不能达到设计质量。

2. 常用喷绘介质

常用的喷绘机介质有三种，纸基介质、塑基介质、布基介质，其应用如图6-8。

（1）纸基介质是以纸质材料为主体的，有高级相片纸、普通相片纸、背胶纸。高级相片纸专门配合高精度图片输出机使用，其图片精度高，色彩还原度极好。而要达到这些目的，就要求照片源文件要好，喷绘输出设备好，墨好，相片纸也好，同时在打印输出时的打印设置也要正确。

普通相片纸就是大众型普遍使用的生产型相纸，目前国内广告业广泛使用的基本是这种材料，全部为国产，生产成本低，对墨型、机型几乎都没有要求。当然，画面可能没有高精度图片要求的那么完美，但满足大众型广告需求没有问题。

背胶纸是普通相片纸的一种，比较薄，在背面有背胶，喷好的画面可以随时裱糊到其它平面材料上，使用方便，用途广泛。

（2）塑基介质是以类似电影胶片的材料为基片，涂布喷绘涂层而成，多数为灯箱片。塑基介质本质为白色，正面为光滑的塑基，背面亚光，有涂布层，透光而不透明，质地均匀。通常应用在内部发光的灯箱上，画面喷在背面，又称为背喷，需要裱一层冷裱膜以保护画面。

（3）布基介质多用在户外，是用抗拉强度很好的玻璃纤维或化纤丝织的布基，平刮了塑质涂层而做成的。由于它抗风耐雨，不易在阳光下老化，配合油性墨可以专门用在户外的大幅面广告上，就是常说的广告布或灯箱布。布基介质分为两种：内光型和外光型。内光型更白，质地均匀，透光性好，适合内光灯箱广告；外光型较厚，抗拉强度高，不需要考虑透光性，借助外来照明，适合特别大的广告幅面。一般最窄边超过4m时都会采用外光布，尤其长达几十米上百米的广告画面，更适合使用外光布。

▲ 普通相纸

▲ 灯片，外观很像相纸，但它是塑基片

▲ 灯片的广告效果

▲ 背胶纸

▲ 裱糊背胶纸的展板，又叫KT板，一种很轻的覆皮发泡板

▲ 黑色KT板

▲ KT板裱好画面的样子

▲ 一种冷裱膜

▲ 手动冷裱机

▲ 一种可以贴在玻璃上的透明喷绘材料"透片"

▲ 钢化玻璃喷绘成为灯光地板

▲ 专用于车体外观的软质背胶贴，即车贴，其特点是易贴、易撕、不怕水，耐紫外光，本身略有拉伸性，能适应车体的不平坦

图6-8 喷绘机的三种介质应用

特别注意一点，前面说过，喷绘的所谓分类有些界限已经模糊，其中的原因就包括喷绘介质、喷绘技术的提高。例如墨和喷头的改进，可以使机器有更广泛的适应性和更高的清晰度、耐候性，因此有些新一代机型对可以适用的介质几乎没有特定限制，油画布、宣纸、塑料、普通纸张等均可使用。

总之，新技术正在使介质的可用范围广泛化，广告材料与工艺的学习者也需要广泛关注社会信息与行业的变化。广告材料与工艺是一门实践性很强的课程，要求学习者必须随时到实践中去发现和学习更新的知识。

五、喷绘机常用规格与类型

喷绘机大多使用成卷的介质材料，如相纸、喷绘灯布等，这些材料有很多不同的宽度。但为了市场的通用性，这些不同宽度尺寸的材料是有通用规格的。喷绘机的规格，通常都以可使用的介质宽度划分，比如450mm、600mm幅面的小型机，900mm、1200mm、1500mm幅面的中型机，2200mm、2500mm、3300mm幅面的大型机等。小型机一般都更注重精度和色彩还原度，适合高精照片输出，中型多数适合室内广告，使用普通纸质介质和灯片，大幅机适用户外广告、喷绘布面等。

下面再把喷绘机类型进行一下总结与概括。

按可喷绘的画面幅宽区分，从可喷绘3.2m幅面，到只输出5寸照片的单幅彩喷机，各种规格都有。一般而言，越小的机器精度越高。

按采用的液态墨不同区分，有油性墨和水性墨，现在还有UV墨。墨的品质不同，喷绘出的画面品质也不同。有的只能用在室内，因为它们怕水和阳光、紫外线，有的专门用于室外。还有更好的喷绘机，可以适用多种材料而不局限于喷绘机专业材料。

按清晰度不同区分，有300dpi、1220dpi、2440dpi等，甚至出现了高于9000dpi的微喷机。

按使用的彩色墨盒数量不同区分，喷绘机大多数采用四色墨。在新技术中，有的为了提高喷绘速度，有的为了提高画面精细度，也有的为了提高图片色彩质感，于是有了六色墨、八色墨，甚至还有更多。但在大幅面喷绘机上，有的多色墨盒并不是所有颜色都不同，而是有两套重复颜色，这是用于提高喷绘速度，或喷墨头略有堵塞时可以保证仍有均匀画面而设计的补偿（图6-9）。

▲ 四色喷绘机　　　▲ 双套四色喷绘机　　　▲ 多色喷绘机

图6-9　不同喷绘机

按喷绘形式不同区分，除了以往的滚轴形式的软质材料喷绘机，现在还有可以在硬板材料上喷绘的平板机，可以在玻璃、钢板、磁片等材料上完成喷绘。

关于喷绘机的新类型再补充三点。

（1）专色喷绘机。它是可以喷绘专色的、有独立喷绘系统的喷绘机。通常，喷绘的液态墨都是透明颜料，不能在深颜色的材料上还原彩色图片。比如：在黄色纸上喷浅蓝色，得到的是绿色；在绿色纸上喷红色，所得到的却是灰黑色。但在具有专色墨头的机器上就可以通过先在深色材料上喷一层白色，从而制造白底以完成彩色图片的喷绘。制作人员借助这种方式也可以在透明软片上喷出彩色来。而UV喷绘机因为实际上使用的就是不透明油墨，它的覆盖力较强，所以可以在透明材料上喷出厚的画面，有点像丙烯颜料。专色喷绘的白底色有时需要喷得很浓厚，不然也会略有不足。

图6-10是在各种特殊纸张上采用专色喷白的方式喷出的彩色照片效果。

 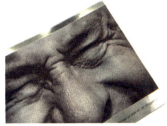 

图6-10　专色喷白喷出的彩色照片

（2）附带激光对位雕刻功能的喷绘机。使用这种喷绘机在纸上喷绘了一个图形后还可以沿这个图形的外缘雕刻下来，像印刷的模切一样，这给有特殊需求的客户带来了方便。例如设计人员可以设计很有工艺特点的仿制印刷品——带模切的书籍封面，这在普通印刷中虽然是个简单工艺，但因为要同时配套模切版，所以需要一定批量才能印刷。有了这样的复合型多功能喷绘机，不必制版，快捷方便，更适合少量甚至一件作品（图6-11）。

图6-11　复合型多功能喷绘机制出的作品

（3）3D打印机。其是利用喷墨打印机的原理，使用高温可熔化的PVC粉墨或注塑条，让它们的熔液可以像彩色油墨一样被打印出去，并由计算机支持它们空间重叠，就可以打印出一件空间立体的物品。根据报道，之前英国人曾用这种技术打印了一辆自行车。而现在3D打印机已经逐渐普及，人们正在集中研究它的实用难点，打印速度、精度和真彩色。通过图片可以发现，3D打印机正在人们的期待中实现越来越神奇的功能（图6-12）。

  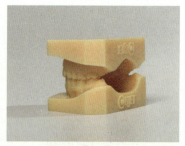

▲ 小型3D立体打印机　　▲ 3D打印机打印的机器零件　　▲ 3D打印机打印的医用牙齿模型

▲ 英国科学家使用激光束熔化尼龙粉末打印出了一辆功能完备的"空气自行车",其坚固程度与钢铁和铝制成的自行车不相上下,但却轻盈65%

▲ 一位意大利发明家成功研制出一种叫作"D外形"的大型三维打印机,它能够打印出整个立体建筑体。科学家认为,这种三维打印机未来可以用于在月球上建造房屋

▲ 在我国已经有人在利用全息扫描技术与小型三维打印机组合开店,专门为顾客打印出与自己面容一模一样的小头像,这是一种十分引人关注的实用经营

▲3D打印机打印的复杂模型　　▲3D打印机打印的文物模型　　▲3D打印机打印的古生物模型

 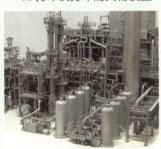 

▲打印时装　　▲打印工厂模型　　▲打印可以飞行的航模飞机

▲打印可以穿的鞋　　▲打印抽象桌子　　▲用食材打印食品

图6-12　3D打印机的应用

本课小结

本课简单介绍了喷绘机的类型、用途、专业使用的喷绘材料等,同时介绍了一些关于广告文件制作的实际经验。广告喷绘其实就是平面制作,在这一课里不止一次地讲到文件大小和分辨率。这两者关系的处理在实际操作中最容易出问题,理论分辨率和操作中文件过大之间的矛盾是广告画面制作过程中常会面对的瓶颈。从课本角度想说清这些还不直观,实践才是解决问题的最好方法。

拓展实训

看看除了教材中提到的现有设备可喷绘材料,还有什么新发现和新设想,在自己的记录本中一一做下记录。可以在一些过去没尝试过的物体表面作喷绘,或者利用现有设备和技术设计一些新产品。

第七课　喷绘写真文件的制作

喷绘写真相当于印刷，属于平面专业，因此只要平面软件都可以制作喷绘文件。CDR软件、PS软件、AI软件都可以，除此之外，penter、CAD、3DMAX、Office系列也都能生成可以喷绘的文件。总之，只要能转换为位图都可以在喷绘机上输出。

位图有多种格式，GIF、JPG、TIFF、BMP、PNG等，其中，最适合喷绘机、图像还原最好、像素损失最少的，当属TIFF格式，其次是JPG。而位图的色彩模式最好是CMYK，其次是RGB。

一、用PS软件制作喷绘文件

1. 专业摄影作品的文件制作

专业摄影作品是对画质要求最高的。摄影师对摄影作品的用光、用色及画面质量有很严格的要求，所以制作文件稿时不能偏色，不能随意更改分辨率，也不要自行调整照片的锐度、对比度、饱和度等，必须尊重摄影师意见，必要时要请摄影师自己完成图片文件的调整和剪裁。因为摄影作品的调片相当于是作品完稿技术的一部分，代表着摄影师的意图，不能被代替。

完稿喷绘之前文件要存为非压缩格式，如TIFF文件，CMYK格式，窗口界外内容要裁剪，成品文件中不能有未栅格化的文字，有多图层的文件要合并所有图层。

摄影作品的输出是个要求较为严格的工作，输出前要反复打样校对，最好有摄影师全程参加，最少要输出一张标准作品作为双方认同的参照。

以一幅作品（图7-1）为例，在PS中打开原版照片，查看它的长宽尺寸和分辨率。

图7-1　原摄影作品

PS信息显示，当前图片尺寸108.19cm×36.04cm，分辨率为240dpi，色彩格式RGB。输出成品尺寸要求为宽1m，周边需要3cm的白框，底边白框中要打上照片信息。先在上图这个修改窗中（PS菜单栏/图像/图像大小）去掉左下角"重定图像像素"勾选项，将宽度尺寸改为94cm，也就是在作者要求的1m宽度中去掉了两侧白边框的两个3cm后的尺寸，点击"确定"。图片尺寸被更改，而图片精细度、长宽比例不受任何影响。

更改画布尺寸（菜单栏/图像/画布大小）。将图片宽度改为100cm，高度为31.31cm+6cm = 37.31cm，画布扩展颜色选为白色，点击"确定"。于是便得到了符合摄影师要求的成品尺寸和3cm白边框（图7-2）。

图7-2 成品尺寸

在下面的白边框中按摄影师要求输入照片信息。因为原图片为RGB模式，为保证输出质量，建议改为CMYK模式。一切妥当之后合并所有图层，存为TIFF文件（图7-3）。

图7-3 修改后摄影作品

现在的输出稿已经完成，对原作图像质量没有任何更改，但很好地完成了要求的内容。为稳妥起见，应该对这个文件打个小样检查一下，摄影师审核并表示满意后就可以交付输出了。

2. 普通室内喷绘文件的制作

图7-4是一幅普通商业广告画作为素材文件。对于广告制作方来讲，这类广告的源文件一般都由商家自己提供，可能是原始分层文件，需要文件制作人员按照广告要求的尺寸进行更改，有时长宽比也要改变。

最要关注的是客户一方要求制作成多大的广告画面，所提供的素材像素是否够用，里面有没有产品品牌标志，有没有提供标准的LOGO和颜色要求等。

有时候客户可能会带错文件，带的不是源文件而是缩略文件，制作人员有义务代客户审查文件并提醒客户更换。也有可能客户提供的文件确实小，却要求制作较大的广告画。制作人员要提醒客户可能会出现画面模糊的结果，可以用电脑模拟一下模糊的程度，看客户是否认可。

接下来开始制作输出文件。多数情况下非名牌产品广告，客户对画面没有过高的要求，制作人员只要未将源文件分辨率变小就没什么问题。

通过PS软件检查，发现客户提供的这张广告源文件宽0.9m、高1.2m，分辨率200dpi（像素/英寸），客户要求改为宽1m，高1.5m，其源文件图像大小如图7-5所示。

在"图像大小"窗口中去掉"重定图像像素"选项之后，把文件高度改为150cm，这时宽度变成了112.5cm，如图7-6。如果强制改为宽1m，画面比例将发生变化，人像画被横向压扁，虽然变形不多，但也不可以这样操作。先按下确定按钮，再执行菜单中"图像、画布大小"命令，将宽度改为1m，两侧会被切掉6cm多一点，但画面的整体感觉损失不明显。一般情况下这种结果客户是接受的，可以成为制作文件（图7-7）。

图7-4　客户提供的素材文件

图7-5　源文件的图像大小

图7-6　图像大小修改　　　　图7-7　图像大小修改后的制作文件

如果客户还想把画面改得更高更窄或更长更矮的话，也就是竖的窄条或横的窄条。这其实就是在考验制作人员的技术，如果制作人员有一定的经验，这是没有难度的。下面两幅图片是应用了设计构成方法，从原画面上剪裁下一些同样花色的背景图案，它们可以是各种几何形状，然后拼接在改变尺寸后画面空缺的位置，完成一些看似有难度的要求也是完全可以的（图7-8）。

图7-8　画面拼接

画面被变大了，原始画面的分辨率还是尽量先不改。图7-8的两幅图例，改变后的画面尺寸分别是宽1m、高4m和宽3.2m、高1.2m，文件大小分别是946M和908.2M。在修改文件时要学会随时留意图示窗中的文件大小，即"图像大小"窗里最上面的"像素大小"（图7-9）。

现在的电脑配置都比较好，尤其是广告制作用的电脑，900M文件在PS中还是可以操作的，把更改好的文件合并图层，存盘为TIFF文件后就可以打样输出了。

图7-9　图像大小

特别提示：上面书写尺寸中用了米、厘米等，本教材在其他章节也有类似情况，这是为更贴近实践工作，是在实用交流中的口语表述方式。这种表达不会让人感觉陌生，但在规范标注或书写时记得尽量要统一为毫米。

3. 户外大幅广告文件的制作

户外大幅广告基本都是广告布，用户外喷绘机，它的最高分辨率一般为300dpi，但新型广告喷绘机也有高清的，甚至有承诺可以达到2440dpi。

没有经验的广告设计人对于分辨率的概念是懂的，但实际作图时还是经常困惑，总是怕自己制作的文件分辨率不够。做喷绘文件确实要关注的问题很多，尺寸大小、画面内容、喷绘材料等，而其中分辨率总是被列在工作的第一位。

理论上说，作图文件分辨率越高，喷绘出的成品画质越高，但实际操作还需要学会把握一些技巧。也就是既要保证喷绘画面质量，又要尽量把文件做小，在电脑资源限度内尽可能地提高工作效率。

前面提到过，电脑屏幕上的图像显示方式与喷绘机输出方式并不是一回事，它们执行的是两种模拟数据。要使画面感觉光滑一点，喷绘机就需要更高的打印分辨率，分辨率为1440dpi时能达到隐藏墨点的画面效果。但这并不说明电脑文件像素也要随之提高。总之需要理解，如果在喷绘上满足了1440dpi的光滑感，即使电脑像素只有40dpi或80dpi，也不会出现喷绘画面的磨砂感。只是当电脑像素继续低时画面上能看到马赛克像素，这会影响画面的辨识细节。比如照片中模特的头发、服装的质感，以及细小的文字等。

在电脑制作中，文件大小一般不超过500M，当然也要看电脑配置情况，有些低配电脑可能运行200M的文件也会有困难。另外，在PS里做文件经常要拉伸图像、涂抹修改、增加图层、制作各种效果等，这些操作越多，文件挤占电脑资源越多。有时即使新建文件只有几百兆，经过十几个甚至更多图层和若干种效果滤镜之后，文件占内存空间也会超过1G。

作图要学会规划，能合层的就合层，能简化的就简化，尤其冲出画面外的内容，如果电脑里有原始文件，就尽量把画外的内容裁剪掉，省得它们所占用的空间成倍增加。多数实习的制作人不舍得删图层里的东西，由于不熟练，制作设计稿时不断地修改。有时担心客户反复提要求，画面里暂时不需要的东西也不舍得删除，使文件不必要地变大。这些习惯很不好，常常能把不到100M的文件做到1G以上，电脑处理起来也就更慢。

现在把实践中的制作方法分三种可能的情况来演示。

第一种可能的情况：客户提供了超高清大幅面广告摄影作品，原始文件就有1G，并且这张照片占到广告画面的一半，另一半需要制作人员来设计文字，成品广告画面宽16m、高8m。

1G以上的文件其实已经严重影响电脑速度了，一般的经验是先建一个小于300M的文件，但长宽比与客户要求相同。比如创建一个缩小了10倍的文件，如图7-10，在这个新建文件里采用了以下措施。文件尺寸按10∶1缩小到宽160cm、高80cm，色彩模式改为RGB，RGB文件要比CMYK文件小25%，这时把分辨率定在240dpi，文件大小为326.9M。这时的文件操作性会好些。

用图7-10这个新建文件把画面设计完成，将照片放进去一起调整效果，直到客户满意。

在准备输出前，将文件改到实际尺寸，宽度1600cm、高度800cm，分辨率改到100dpi，RGB模式可以不变，文件大小为5.5G，把客户的原始图片文件拖进来修整成需要的样子，替换作稿时的小片，再合层，存盘为TIFF格式（图7-11）。5.5G已经是很大的喷绘文件了，在喷绘输出时画面还要按照喷绘机和灯布的实际尺寸分割画面。因为现在的尺寸已经超过了最大喷绘机的画幅容量，也大于最宽幅灯布尺寸。分割后的单个文件会相对小一些。

第二种可能的情况：广告画安装在楼顶，视线距离很远，可能远于100m，客户要求用普通喷绘机喷绘。客户提供的作为背景用的原版是高清数码照片，PS打开后释放的图片大小为80M。成品画面还是宽16m、高8m。这时的经验是，可以建立实际尺寸的文件，分辨率设为30～50dpi，这时文件大小为510.9M（图7-12）。设计完成后可以存为JPG格式，压缩比选12（图7-13）。JPG文件比TIFF小得多，但作图文件不能超过1G，否则不能存为JPG。

图7-10　新建一个较小的文件

图7-11　完成后的文件

图7-12　分辨率设置　　　　　　　　　图7-13　压缩比设置

成品文件如图7-14。

图7-14　广告画成品

> **拓展阅读**
>
> 关于RGB与CMYK、TIFF与JPG的差别。
>
> RGB是电脑屏幕的构成元色,分别为红色、绿色、蓝色,为光成像;CMYK是印刷元色,分别是青(浅蓝)色、洋红色、黄色和黑色。屏幕是光成像,印刷是颜色成像。二者最大的区别就是光成像可以很明亮,很鲜艳;而颜色成像会局限于颜料本身的色彩,与光成像相比会感觉暗。但最亮的电脑画面在广告制作中也要变成喷绘制品,CMYK格式就是防止电脑上的画面过于亮丽而设计的模拟印刷效果色彩模式。
>
> TIFF和JPG是两种存储格式,TIFF可以理解为全息模式,基本可以保持图片最完整的信息。JPG是压缩格式,可能对图片有一点点损失,但压缩文件占空间小,文件运行容易。其实,很多广告图片只要不是强调画质,还是以JPG格式居多。

第三种可能的情况:广告以文字图形为主,没有图片。这样的广告画面设计起来更轻松。PS软件对文字文件是可以保持为类似矢量状态的,就是说即便制作人员在很小的文件中设计了文字字体,只要没有把文字栅格化,任何时候都可以把文件改大,而文字清晰度会自然变高。这意味着对于单纯的文字设计,只要保持文字不被栅格化,制作人员就可以在更小的文件中进行设计，完全定稿之后再把文件尺寸改大就可以。

还是以宽16m、高8m的广告画为例，甚至可以在宽16cm、高8cm、200dpi的画面里设计版面，画面尺寸缩小了100倍，这时文件只有5.11M（图7-15）。当定稿后再改成大尺寸，文字部分不受影响。

但在这例图片中，由于背景有斑马纹图案，如果原始文件太小，放大后黑白边界处会因为太过模糊而难看。所以做斑马纹时还是要把文件放大一些，比如可以增加到300M，既可以保证图形的基本视觉效果，又不会影响作稿速度，基本可以满足实际要求（图7-16）。

图7-15 文字图形广告画

▲ 制图文件　　　　　　　　▲ 完稿文件

图7-16 制图文件和完稿文件

实际上，上面两例画面完全可以考虑用矢量软件制作，AI或CDR都可以，画面没有位图，也没有效果，只是文字和图形，用矢量软件所作的文件可能还不到2M。

除了上面说的三种可能的情况，大幅广告画的制作还有多种可能，需要灵活选择，考虑问题要全面，制作人员要能根据不同情况，采取不同方式。总之，要在最高分辨率和最快制作效率之间选择最佳方式，在客户容许或能够接受的空间内尽量把文件制作小些。

二、矢量文件转换成位图的技巧

CDR软件和AI软件都是矢量平面软件，由它们制作的画面可以生成JPG或TIFF格式喷绘文件，但在导出文件时有一些常识问题需在这里详细讲解。

例一，首先看用CDR制作的室内喷绘文件（图7-17）。

这是一本用CDR制作的宣传册，客户要求把它变成一本接近3m宽的大书摆在办公楼大厅里。从图7-17看，CDR下边提示有若干分页，要成为喷绘文件，需要把每一页都导出为位图文件。审一下设计画面会发现，每一页都有大量的文字，字体细小而且工整，按比例成品喷绘幅宽2.8m，如此高清内容且放在室内，一定不能用户外机和喷绘布。实例中对书的每幅页面的做法都选用一层相纸背，一层背胶纸，合成一个两面看的页。为方便操作和传输文件，导出的位图在能满足文字清晰、画面整洁、图像清晰等要求的情况下，文件应尽量小。可以先导出一页较小的文件来检验一下。

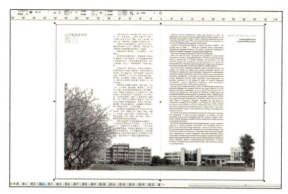

图7-17　CDR制作的室内喷绘文件

　　导出一个有代表性的页面，内容丰满，有文字、有图片，设计工整规范（图7-18）。导出时选择原尺寸（宽396mm，高285mm），色彩模式为CMYK，位图格式选了JPG，这是为了得到较小的文件，分辨率为300dpi。

　　用PS打开做好的文件，一是要检查画面质量，二是要更改喷绘文件的尺寸，这一操作是必须要有的。不断放大画面，当达到预计的实际大小时可能会发现，文字边界出现了压缩模糊、细节消失的情况（图7-19）。

图7-18　代表性页面

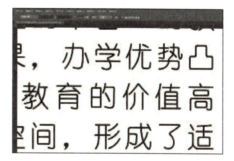

图7-19　文字边界压缩模糊

　　重新导出画面，分辨率改为"600"（图7-20）。再用PS打开放大，情况好多了。可以用600dpi的分辨率导出所有的喷绘页（图7-21）。

图7-20　分辨率设为600dpi

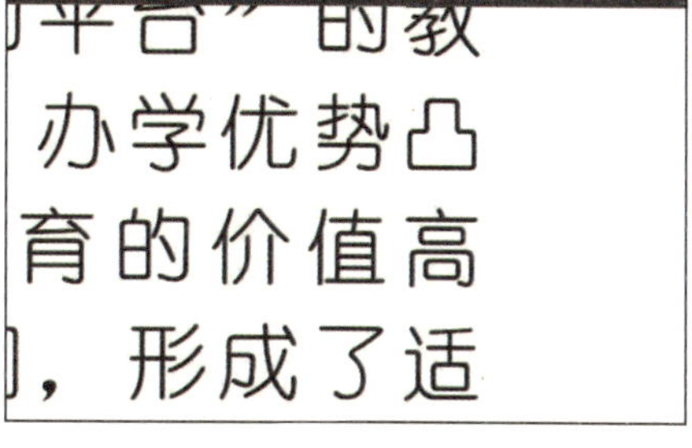

图7-21　分辨率为600dpi时的文字边界情况

导出所有位图页面后一定不要忘了下面的程序。在PS中打开，检查画面，同时更改图像大小，还是去掉"重定图像像素"的勾选，将宽度改为280cm，高度自动到201.56cm，不能让图像的长宽比例发生变化，所以要默认高度不变。顺便看一下，此时的文件释放为240.5M（图7-22）。

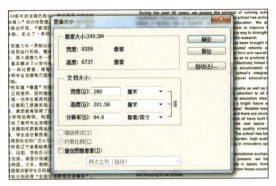

图7-22　文件图像大小

当然，如果对现在的画面质量还有些不太满意，导出时还可以选择更高的分辨率，比如选900dpi，这时的情况当然会更好（图7-23），但前提是电脑配置要高，因为此时导出的位图释放文件比500M还多，制作人员需要用同样的数据导出画册的所有页面，工作量和电脑速度还是有必要考虑的（图7-24）。

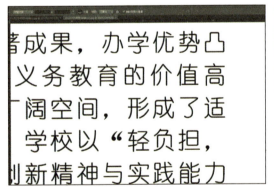

图7-23　分辨率为900dpi时文字边界情况

图7-24　同样图像大小导出

在使用CDR导出文件时有以下三种情况需要留意。

1. 导出的位图中设计好的边框没有了

在CDR界面上看着效果很好，导出后内容紧贴边界，没有了页边距。这是CDR软件的特征，导出位图时以所有内容的最外边缘为界，而不是以软件页面边缘为界，所以导出的画面全都靠边（图7-25）。

解决方法是建一个与CDR页面边界相同的矩形方框，用鼠标在工具栏矩形工具上双击，会自动建立这样的方框（图7-26）。

图7-27中红色的边线表示双击后出现的与CDR页边重合的矩形图框，这时导出位图就可以了。当然，如果导出的图像不想有额外的边线，可以将其填充为无色。

图7-25　CDR导出画面紧贴边界

图7-26　自动建立方框

图7-27　正确导出位图

2. 位图导出不完整，画面无端少了一半

如图7-28，在CDR界面上看见的设计稿是完整的，导出后的位图剩了一半（图7-29）。

解决方法是，在导出设置窗口左下角有一个勾选项"只是选定的"（图7-30），在导出时用了挑选工具并选择了一半内容，导出时就只导出了被选中的部分。

"只是选定的"这个选项很有用，不过现在不需要，去掉这个勾选，就可以导出全部页面内容（图7-31）。

图7-28　CDR界面设计稿完整版

图7-30　设置方法

图7-29　导出画面少一半　　　　图7-31　正确导出的位图

3. 导出位图的某一侧多了一片空白区

前面说过，CDR导出位图时会以所有内容的边缘为界形成图像，出现空白区说明左边有看不见的物件（图7-32）。

选择菜单栏"视图/简单线框"，会发现左上角有个方图形，这种作图期间因为填了白色或空白使物件被隐藏的情况很多，尤其还不熟练的制作人员，要经常检查，及时删除（图7-33）。

图7-34是本例中这些喷绘制作成一本大书的实景照片。

图7-32 位图导出有一片空白

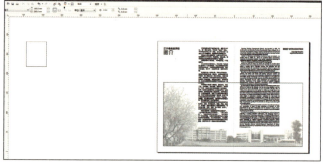

图7-33 误填了白色或空白

图7-34 实景照片

例二，用CDR制作大幅喷绘画。

以一幅演出背景画为例，介绍一下完整制作过程（图7-35）。

▲（1）长14m、高2.8m的演出背景。作稿时尺寸为1：1

▲（2）导出时分辨率设为150dpi，画面缩小比例为18%，这是电脑默认的数据

▲（3）图像导出后一定要到PS中打开检查，并且要改正尺寸，因为导出时已经缩小了比例。PS检查显示，文件大小为172.1M，画面尺寸约宽2.54m、高0.5m

▲（4）图像放大检查，边缘略有像素化，但总体尚可

▲（5）PS修改图像大小时去掉"重定图像像素"勾选，将尺寸改为实际需要，分辨率降为27dpi。虽然像素看起来有些略低，但检查画面细节时边缘锐度还可接受，喷绘为演出背景没有问题

▲（6）如果希望效果更好，电脑配置也很不错，可以把缩放比增加到36%；程序提示，这是最高设置，再高就不允许了

▲（7）PS显示，导出的画面边缘效果很好

▲（8）检查文件大小，显示为688.6M

▲（10）完稿存盘，等待喷绘。注意喷绘稿传给喷绘端时必须注明需要的尺寸、需要的材料及辅助工艺等，比如要求在画面上下边打孔，就是广告画布专用的金属圆孔扣，用来穿绑绳安装固定

▲（9）还是要修改尺寸为实际需要的数字，宽14m、高2.8m

图7-35　演出背景画的完整制作过程

例三，用AI软件制作喷绘文件。

AI和CDR一样属于矢量软件，制作印刷品非常好，制作大幅面喷绘画面时，AI比CDR软件更受限制，AI的CS6版允许设定的最大页面尺度只有5m，制作超过5m的大画面时需要进行比例缩小（图7-36）。

▲ 设置画板5.7m时程序提示不可以

▲ 建立了程序允许的极限尺寸画板后，虽然可以强制画出大于画板的图形，但操作受到限制，勉强作一些图形后也是无法导出。所以还是10∶1缩小制图为宜

图7-36　大画面需进行比例缩放

总之，这两个软件用来制作印刷品很专业，但做大幅面广告画时还是要注意，尺寸超过5m以上时，需要变通，或者按10∶1比例缩小进行制作，或者选择低的压缩比，然后到软件中调整（图7-37）。

图7-37　调整图片

这幅画设置宽度为4m，实际需要14m。导出时选择分辨率为200dpi，程序提示不可以。解决方法如图7-38。

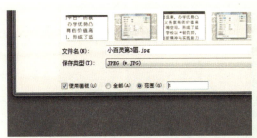

▲（1）如果直接导出文件，选择JPG格式，勾选使用画板和画板范围　▲（2）画面最大尺寸为4m，设置分辨率为200dpi，导出被禁止

▲（3）换用72dpi的分辨率时导出成功　▲（4）用PS打开，放大画面至与实际大小相近时，感觉边缘还可以，作为喷绘布应该没大问题

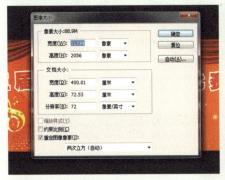 

▲（5）在PS中检查画面数据，宽度尺寸为4m，分辨率为72dpi　▲（6）按要求改为宽度14m，分辨率降为20dpi，与前面讲过的最低40dpi相比有些勉强。但作为演出背景应该还可以

图7-38　画面设置的方法

如果需要获得大一点的文件，还可以试一试图7-39的方法。

▲（1）用PS直接打开在AI中设计好的文件，窗口提示输入想要的文件尺寸和分辨率，默认分辨率为300dpi，最宽尺寸是2.7m

▲（2）修改更大尺寸时，系统提示不可以

▲（3）试修改分辨率为600dpi，但是尺寸却变为了135.46cm，说明软件有限制

▲（4）打开文件，放大检查细节，效果是可以的

▲（5）检查文件数据

▲（6）把宽度尺寸改到14m，分辨率变成58dpi，比在AI里导出的文件大了一倍。这个方法可以略补AI的不足

图7-39　文件尺寸调大的方法

总结一下实践中的经验：大幅喷绘画面设计时只要电脑设定分辨率达到40dpi就基本可以，客户没有特殊要求时不需要追求高清晰度，文件太大没有效率，有时候远景户外喷绘即便分辨率是20dpi也不会影响喷绘效果。

当客户对画面有质量要求，客户提供的素材图片也很好时，如果文件大于1G，建议用10：1的比例缩小文件设计。比如还是长14m、高8m，可以先按长1.4m、高0.8m设计，定稿后分成若干小段，变成多个单独文件，一段段放大10倍重新替换清晰内容，这样就可以解决文件过大的问题。

三、案例：商用3D立体画制作

图7-40是用在商场中的3D画照片。

图7-40　商场中的3D画照片

3D立体画来源于欧洲的街头涂鸦艺术。它利用了视觉透视的平面错觉，把应该位于垂直于视线的平面上的画面沿视线延长到地面上，成为夸张的变形画面。而当观察者仍然在原来视点上观察和拍照时，地面上的画面还原为原先的透视，重新从地面上立起来。如果画面内容设计与环境相当，参与者选择恰当的位置拍照，仿佛参与者进入了画面之中，会得到乱真的画面效果，非常有参与感。所以3D立体画经常要设计成向下坠落深渊之类的空间场景，使参与者进入一个看起来有危险的境地，从而产生强烈趣味。3D立体画只有从视点拍照才最有真实感。

　　把3D立体画应用于商业并不是新鲜事，但常规的3D立体画需要现场涂鸦，既需要现场时间，又需要可以方便使用的地面和相应的绘画材料，活动结束后地面上的颜料也难以清除。而且，对于绘画者的技术要求较高，既要有较强的写实绘画功夫，又要懂得视觉透视变形原理，在非视觉平面上画出极度变形的画面。

　　在这里教读者用电脑实现3D作品，使它可以靠简单的广告喷绘材料实现应用，尤其方便的是读者不需要会画画，更不需要去理解令人头疼的现场透视，只要会一点PS就可以。做好的画面内容可以保存在电脑里，并可以为不同的商家更改商标，随时供不同的客户使用。这也同时说明，广告材料与工艺没有创意界限，没有材料约束，只有更广泛的智慧。

　　下面通过图7-41，简单示范3D画的电脑制作方式。

▲（1）3D立体画的原理是真人和画面的空间混合，画面垂直于视点（或照相机机头）时是正常的，把画面的延视线扩散到地面上，直观感觉这个画面就变得难以理解了。但当在视点处重新观察或拍照时，就出现了神奇的视觉效果

▲（2）首先在计划做3D立体画的位置拍一张照片，想象要在哪里实现立体画面更易于参与。记得要量一下现场尺寸，尤其地面砖的尺寸

▲（3）将想要实现的结果PS进这张照片里，画面设计要尽量与环境相符，感觉上合理。根据所测量的现场尺寸，计划一下这幅画的实际尺寸。本例根据地面砖计算出画面的最宽处为2m，长为9m

▲（4）隐藏其它不需要的图层，保留设计内容画面，并合并为一层

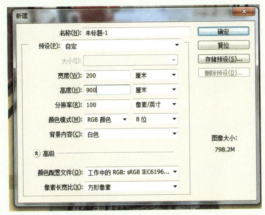 

▲（5）在PS里新建一个文件，宽度200cm，即2m，高度900cm。为了不使文件过大，分辨率设为100dpi

▲（6）将前面做好的内容放进来，按Ctrl+t键自由变形，再将画面上下拉满

图7-41

▲（7）再次按Ctrl+t键自由变形，修正画面到横平竖直

▲（8）拉出辅助线，继续修正画面到平直，这时所得到的效果是画面在地上应当有的效果

▲（9）为了使画面更真实，制作设计稿时可以结合真实材料素材，如水泥墙板、地砖等。保留一个透明图层，把其它所有内容层合并，存盘成一个带图层的PSD文件，就成了一个基本素材。使用时随意在下面添加鸟瞰的照片和品牌的LOGO，就成了一张新的商用3D画

图7-41　3D画的电脑制作方式

　　用电脑制作一幅3D画看起来并不复杂，但要把握几点。一是当画面被平面化以后，比如本例中模拟透过地板去看下面风景的方的开口，它实际上已经不是常规透视意义的开口了，而是与地面真实位置相当的开口。第二是从开口中看下去的场景要符合真实位置向下看时的角度，因为这相当于站在地板上面向下看，场景中的景物必须在视平线以下，否则就不合理了。第三是设计场景要有互动，比如本例中的一步下陷的台阶和一条吊着筐的绳索。

　　另外，稳妥起见，要对制作的结果进行检验。方法是用尽量大的纸打印出来，平铺在桌子上，模拟一下现场的视线位置，用手机拍几张看看。如果打印出来的图太小，也可以用电脑分割成几张，打印后再拼起来。

　　图7-42是几幅本例中的电脑平面稿。在实际操作中要使用车贴纸喷绘出来贴在地面上，车贴纸比喷绘布实用，它不仅可以粘贴，而且还不会起皱，不会绊脚，使用过后撕掉也容易。画面可以喷成哑光，或者裱一层哑光膜，以防商场里杂乱的反光。

图7-42 电脑平面稿

本课小结

本课重点介绍了室内外广告喷绘文件的制作方法、文件制作过程中的实践经验总结以及注意事项等。

拓展实训

（1）到实践中去，到当地高档一点的商场观察一下。带着讲过的问题就会发现，原来看上去可能没什么的广告画面本质上还有那么多不同。比如画质、清晰度、画面尺寸、画面制作材料等，是外照光还是内照光、用在室外还是室内、是裱贴在板上还是绷紧固定在某种框架上。带着看到的问题重新阅读本课，是否有新的发现和新的创作冲动？对于本课中还无法说清的问题，通过实践或许有自己的见解。

（2）关于实践作业，本课中有一个没有讲的问题，留给读者自己实践，就是关于背胶广告画、裱膜、裱KT板，然后制作为展示板，这些在本课中只略有提到。具体做法如下：把自己平时的平面作业集合设计成600mm×600mm的正方形画面6幅，然后制作成6张KT板，注意要裱大布纹膜，最后把它们合成一个六面体。要考虑如何把这个六面体的每一条棱线对接成无缝；认识一下冷裱膜的种类，比如亮膜、亚光膜、大布纹、幻彩、激光、反光膜等；对接折缝的时候可以尝试去找一找市场上早已有过的对缝刀，或者你所在的城市又有了哪些更新的技术和工具。

▶车体喷绘广告◀

教学课件

第三部分

纸媒广告

本部分对纸媒进行了详细的阐述,同时以广告平台为线索,扩展介绍了与纸媒相关的其它物料,如商场物料、会议物料等。

- **知识目标:**

了解纸媒广告产品及周边物料的名称、种类,物料从接单到制作出成品的整个流程,熟悉材料和工艺。

- **技能目标:**

能够根据客户提供的设计需求准确获取客户的想法,之后快速地找到创意点,并用软件对创意点进行可视化表现,完成设计平面图和效果图以及制作用的工艺图,编写工艺制作说明文字,对制作工艺进行指导,最终依照标准进行实物检查。

- **素质目标:**

培养除设计表现专业技能外的综合能力,如沟通能力、创新能力、管理能力、批判思维等。

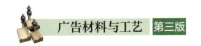

第八课 纸媒广告概述

一、什么是纸媒广告

从词义讲，纸媒广告就是以纸本为媒介的广告，应该包括多种印刷广告，如名片、单页、DM传单、企业宣传册、海报和招贴等。

在广告制作行业，以往除雕刻、喷绘类之外，还有一项小到不起眼的服务，可以暂时将其理解为"名片社"，他们主要的服务内容是收印名片、传单以及打字复印等小微业务。关注过这一服务的读者可能还会注意，有些"名片社"还会附加锦旗、袖标、小标牌及旗帜之类的业务。

还有值得一提的就是快印服务，又被称作短版印刷服务。它的工作内容是为一些成册的纸印品作快速出册，因为册数少，一般只有几本，最多百本，而印刷最多的需求是招投标书。

招投标书指的是工程类企业为设计施工工程项目招标或投标所需要准备的文件，一般有企业情况说明、项目设计文件两大类。企业情况说明包括企业简介、执照副本及资质证明文件、企业生产或服务能力说明、重要业绩展示、服务方式和保证性承诺等。项目设计文件包括工程设计文件、材料说明、技术说明文件、工程量和报价、各种报批报备文件等。一些比较简单的工程投标文件（如百万级装饰工程）通常有三个册，一是企业情况说明，二是企业业绩集，三是工程图纸和报批文件。这些都有规定的印制尺寸、用纸要求和装订标准，需要专业的出图单位，因此就会有一些专门为此营业的速印企业，一般叫作图文社。

以上介绍的是之前传统纸媒行业大致情况。

现在，在互联网技术的背景下，在行业内前卫企业的带动下，出现了一种纸媒服务平台，其基本思路是：将现有的"名片社"全类型服务项目和图文社的全类型服务项目统一整合，同时根据市场需求进行设计升级，编制出一整套服务分类目录、服务流程和物流方式计划等，成为便于经营的服务并加入平台。经营中，前台设计一套类似菜单的全产品目录册，并配合电子点单界面，点单方式目前是纸本目录册和平板电脑，同时为目录中的广告产品设计各种应用场景效果图；后台整合各种后方制作企业，对各产品价格进行评价，制定出合理的零售价和代理价。在这种平台支持下，与零售网点广泛合作，将平台目录提供给各零售网点。各零售网点接受此平台服务的理由是，规范了服务方式，增加了零售品类，报价不再混乱和无依据，制作也可以由平台完成，甚至送达物流也可以委托平台服务。

比如一个名片服务社，原来的业务中可能无法完成旗帜类制作，或者没有各种奖牌制作，或者宣传印刷品因自身能力有限无法接受较大企业的单。现在有了平台支持就变得可行，只要企业经营者愿意，就可以接受平台指导和培训，承接更多项目的业务。

最重要的是，平台有自身的设计机构，将社会需求进行整合分类，变成了多种服务包。比如会议类服务包，根据会议类型、规模分成若干层级的目录表，从产品发布会、各种企业年会、表彰会到招商会，会议从室外到室内，从管理人员到服务生，从整体流程再到内部流程，可能需要各种形象、招牌、印刷品、标识牌、引路牌、胸牌或工作挂牌，以及一些需要印制的会议文件、会议礼品包装等。用户根据自己的会议规模人数等选择需要的品类、数目、品质和价位，由接单企业通过平台或自己的资源执行制作、送达或安装等。

理论上说，这是一个动态可持续并不断有新变化的服务平台。它的专业化和行业化，方便了用户，丰富了服务项目，规范了服务方式，提高了服务质量，最终会带动行业步入科学服务和发展。从其所包含的产品类型上说，已经远远超过了纸质广告范围，因为其产品还包含旗帜（布料）、奖牌标识牌（木质牌、铜牌、浮雕牌等）、奖杯等非纸质产品。这里把它们称作"纸媒广告"，是延续了提供这类服务的传统企业印象和认知习惯。实质上包含了以纸媒为基础，拓展为各种媒介的周边物料。

图8-1为纸媒广告及周边媒介的一部分常见产品。

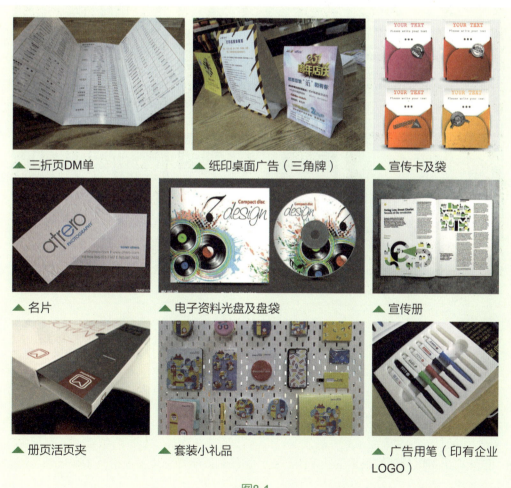

图8-1

▲ 文创礼品套之一（卡通牌、卡片、迷你旅行包、杯、零钱包、抱枕、文件袋等）　▲ 文创礼品套之二（标识牌系列）

▲ 文创礼品套之三（T恤系列）　▲ 文创礼品套之四（记事本、纪念册、笔等）　▲ 文创礼品套之五（纪念活动定制杯）

图8-1　常见纸媒及周边媒介产品

二、纸媒广告的分类

纸媒广告可以包含的产品虽然无比广泛，但却难以明确分类，无论材质、尺寸、用途或工艺都难以划清界限。与视觉传达的品牌VI设计相对比，纸媒广告所包含的内容特别像VI的应用设计，但不同版本的VI教程，其应用设计归类也不同，有版本这样分类：①待客用项目类；②符号类；③账票类；④文具类；⑤服装类；⑥大众传播类；⑦SP类（战略广告，即年度广告的宏观投放计划）；⑧交通类；⑨证件类。另一版本又这样分类：①办公事物用品设计；②公共关系赠品设计；③员工服装、服饰规范；④企业车体外观设计；⑤标志符号指示系统；⑥销售店面标识系统；⑦企业商品包装识别系统；⑧企业广告宣传规范；⑨展览指示系统；⑩再生工具（票据账册等）。总之各种分类基本是依据自身特点和所理解的客户应用。

本课所引用的纸媒广告平台对自己经营的产品采用了三种分类方式。

（1）为广告产品陈列而设计的分类。类似于商店中的商品分类柜，例如图8-1，从中可以比较清楚地看到产品的不同。

（2）为点单服务而设计的分类。平台点单采用平板电脑和产品目录册方式，目前的目录册把所有录入的广告产品分为12类，如表8-1所示。

表8-1　广告产品分类

（1）前台	（2）办公室	（3）会议室	（4）信息区	（5）活动会场	（6）商店
（7）大卖场	（8）展示会	（9）咖啡厅	（10）街道	（11）地铁站	（12）地铁车厢

这实际上是在示范各种广告产品适用的不同商业场所，有些广告产品可适用多种场所，如吊旗广告，从表8-1的（5）一直到（12）都适用。为了更直观，平台还设计了对应的12种场景效果图，图8-2就是其中一种会议场景，图中用颜色标注了场景中可以使用的广告产品，并标注了序号，主图下方是场景中对应广告产品的实物图例。

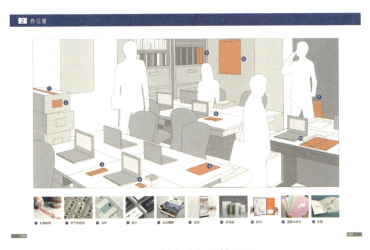

图8-2　某会议场景效果图

分类的目的是便于营销，场景分类方法为用户设计了更直观的应用可能，是对用户的视觉引导，方便用户对号选择。

（3）扩展分类。前面所讲的广告产品基本均适用于商场，因此称为"商场物料"，在此基础上，平台又单独设计了两个使用类型，分别为"会议物料"和"纸工艺"。也就是总共分三大类，一是商场物料类，二是会议类，三是纸工艺类。

但其中纸工艺类内容庞大，目前的平台案例中将纸工艺仅指为纸雕刻工艺产品，如纸雕工艺画和商场中的纸板彩绘搭建（图8-3中的第一图、第二图）。但从技术意义上讲，纸工艺还包括特种印刷、书籍装帧、各种模切包装等，每一项都有十分丰富的设计工艺和产品形式，每一项都可以编成一本教科书，平台未来也计划纸工艺的升级版。本教材没有将纸工艺类列入讲解课程，仅列举一些图示说明，供读者简单了解（图8-3）。后面第九课"纸媒广告设计服务案例"会展开讲解前两大类。

▲ 纸雕工艺画　　▲ 商场中的纸板彩绘搭建　　▲ 立体构成

▲ 各种书封工艺　　▲ 各种模切书版　　▲ 各种模切包装

图8-3　纸工艺类举例

三、案例：实用标识物料设计过程

在进入下一课之前，我们跟随一个实用的设计案例，了解和学习实践中为设计一个识别物料需要做多少功课才对客户有说服力。

真正给客户做设计往往是要花费远超想象的工作量才可能完成的，而且设计需要的灵感也不是轻松出现的。实践中设计师基本靠语言、图像、参观实物等方式去获取客户的需求，但这都不能确定是否完全了解客户的真实愿望，很多设计师委屈地认为客户在为难人，不懂艺术，事实上这种情况并不多见。真实情况常常是设计师理解不全面，设计作品表达不准确。

本例是为客户设计一个产品经销授权牌，所经历的全部过程参考如下。

1. 认识和了解客户

客户经营一个丹麦的鞋品牌，这个曾为丹麦皇室定制的产品正准备进入我国市场，选中了辽宁省会沈阳的一个商场作为第一个店中店。其品牌名称有两个，一个是"术术"，另一个叫"乌木·宝儿"。客户要求设计一个标志性的授权牌，获得这个品牌代理权的经营商要在明显位置安置这个授权牌，以证明代理产品的合法。客户对授权牌设计的要求是：复杂些，要难以复制，要有大品牌感，要具有皇室风格，要体现北欧风，要时尚，符合产品特色，等。

设计师与客户开了几次见面会，听客户介绍了产品特点和来历。比如，产品的设计师最早为皇室家人定制，鞋的舒适度、规格、样式、材料等，都会根据主人的性别、年龄、性格、职业、着装风格、出现的场合等专门定制。

图8-4可以提供授权牌设计的基础依据。

▲ 与客户会面，介绍产品款式风格

▲ "术术"品牌的标识

▲ "乌木·宝儿"品牌的标识

▲ 产品的宣传海报和产品风格

▲ 品牌创始人Unill（右）

▲ 店的设计风格

▲ 店的图形元素

▲ 店的设计灵感来源（上海世博会丹麦馆）　▲ 以丹麦馆为参照设计的陈列台

图8-4　授权牌的设计依据

2. 信息梳理和草稿设计

收集资料不厌其多，暂时先不管是否有用，是否贴切。设计目标主要是北欧风，包括人文、自然、历史、建筑、艺术、色彩、民俗等，也不局限于丹麦，因为北欧五国有着相似的历史和文化。

图8-5是所有相关素材的电脑文件。所有的图片资料、文字资料，包括客户提供的、见面会上描述的、网上检索的，都要分类储存，定时研究，不断补充并筛选。

图8-5 相关素材的电脑文件

这是一次较为系统的检选过程。学习当年英国教育家东尼·博赞所发明的思维导图的思考模式，以设计目标为中心，把客户需求要点一条条扩展出一层分支，即第一层分支。如"中国总代理""沈阳第一站""北欧风""产品特点"等。把这些信息延续的下一层内容作为第二起点，也是第一层关键词节点，围绕每一个节点继续连接扩散，把与之有关的细节继续展开。之后再继续第三节点、第四节点。暂时先不必在意划分是否合理，也不用太在乎逻辑性、关联属性是否有误，只要分析方便，寻找容易，重要的是涵盖全面，细节周全（图8-6）。

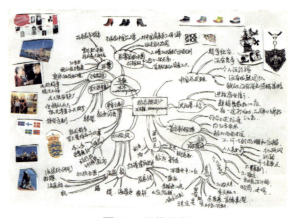

图8-6 思维导图

设计师集体讨论，从大量的信息脉络中圈出关键词，选出那些最贴近客户愿望，最可能变成图形、图像等视觉象征元素的节点。要尽可能精准、简练，比如"金属感""皇家元素""不易复制""海蓝色""锚""海盗符号""皇冠（丹麦国徽中的元素）""北欧五国旗""海盗船""盾牌"等（图8-7）。

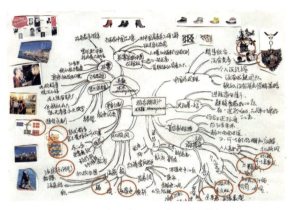

图8-7　在思维导图中圈出关键词

把挑选出来的关键词仔细进行整理，把相关的图片内容列在其中，选择更精确的图片替换含糊的信息，把印象具体化。这时设计师的头脑中已经有了草图，这些元素的安装位置、大小顺序都已经在头脑中计划妥当（图8-8）。

图8-8　与关键词相关的图片

3. 完稿设计

由于前几项工作过程紧凑，信息梳理清晰，把握关键点准确，授权牌已在设计师脑海中完整呈现，接下来就是借助软件完美表现。为了给客户呈现更准确的信息，设计师把成品设计稿直接制作成有材质感的效果图。扩展识别标识不同于产品标志，也不同于品牌VI，设计工作没有那么大的规模，只要设计师确定客户需求，抓准节点，设计方案心中有数，视觉效果精致，一般可以一稿通过。

图8-9是设计方案效果图。

图8-9　设计方案效果图

设计要点：客户需要的效果都有体现，如金属感、难以复制等。最重要的是各个信息表现顺序是对的，比如客户的品牌LOGO摆在了中心，上面是皇冠，下面有北欧五国旗、海盗符号，上面有海洋标志的铁锚，左右有丹麦国徽中的狮子护卫，整体又是一只盾牌，黑金色精致的嵌边，信息识别过程符合客户心理。做到这些，这个标志基本上不会有什么原则性的改动。在真实情况中，这项设计确实已远远超过了客户的预期，方案投影讲解是在客户的赞扬中通过的。

4. 制作工艺文件

分析制作结构，用电脑检验成品结果，并分解制作文件。

图8-10是材料分析说明图，图8-11是工艺分层效果图，这两幅图是为帮助读者理解工艺，实际制作中不需要。

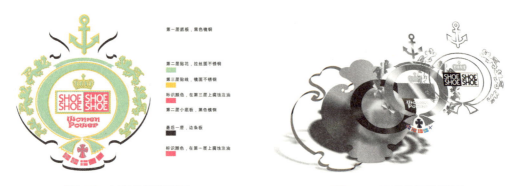

图8-10　材料分析说明图　　　　图8-11　工艺分层效果图

图8-12是加工工艺文件。图中表示使用了三种材料和两种工艺，分别是黑色镜钢板、拉丝不锈钢板、镜面高亮不锈钢板；外形和镂空处用激光切割，有颜色的国旗和品牌标识部分在钢板上蚀痕注油。

图8-13和图8-14是这件授权标识的实景照片。

图8-12 加工工艺文件　　　图8-13 实景照片（一）　　　图8-14 实景照片（二）

本课小结

对于实用设计而言，这一课讲到了三个非常重要的内容，纸媒广告、物料设计与制作、标识的设计过程。纸媒广告是拓展了的一个新的创业及就业行业方向，物料设计与制作是一次比普通专业课概念更实用的技术技能，标识设计过程学习的真正要点不在于学会了某个技术，而在于饱满的工作态度和绝对要超过客户预留的储备思考。

拓展实训

（1）考察所在城市现有的纸媒经营状态，包括复印社、快印出图、摄影输出等，重点在于调查是否已经有了纸媒服务平台，如果没有，是否可以通过学习找到或创造服务平台，去支撑一个创业点。比如从一个小的服务门店入手，或者更专业一点的服务社，利用教材的描述找到创业线索，开始自己的创业门路。如果当地已经有了这个平台，这应该是个好结局，跟平台取得联系，根据自己的能力，在平台的指导下直接开始自己的创业之旅。

（2）假想一个代理品牌，应用教材标识设计过程案例所讲的流程方法，设计一个代理标识，如果可能，尝试制作出来，争取满足教材案例所讲过的要求，例如精致、金属感、难仿制、有特征、有品牌识别等。

第九课 纸媒广告设计服务实战

一、商场物料

1. 商场物料设计的一般规则

如果学过VI设计，会懂得VI是指为某一企业或商品设计的、以标识设计为中心的一系列平面视觉识别系统。它要求包括标志、色彩、辅助识别图形等要素，要有规范统一的设计组合，当这种组合出现在包装品、广告宣传品、促销礼品、员工制服、企业和营销环境等场合时，其视觉样式具有明显的一致性，使人联想到它们是同一企业或产品。这就是VI设计的品牌意义。

图9-1是一个品牌的VI系列。

图9-1　某品牌的VI系列

商场物料是为某项商业活动设计的，与VI有相似之处，但也必须具有识别性，又与VI不同，商场物料等于要为一次商业活动设计临时性广告，要有活动主题和识别图像。这个图像可以以有特性的代言人为主，也可以以设计图形为主，品牌元素置于其中。总体说，商场物料必须要承载三项内容，一是本次活动的信息说明，比如新品展示、优惠促销、加盟招商等；二是直观的识别特征，并适合于竖的、横的、方的、圆的等多种使用格式；三是必须表明品牌使用者，一般指的就是LOGO。

图9-2是三星品牌的新产品技术说明会的物料设计格式。三星品牌的标志为大多数人所熟知，案例中为三星设计了一套识别性很强的色彩构成元素，看上去就像是显示器微观像素的色彩放大。这套设计的最成功之处在于，无论变化成什么形状，如矩形、圆形、六边形或长条形，无论放在什么环境，无论远看还是近观，都能很快被识别。其设计特色鲜明，识别性强，适用域宽。这也是广告物料设计的技术之一。

图9-2 三星品牌的物料设计格式

2. 物料案例

图9-3是为一个女鞋品牌开业用的营销物料设计方案,主题选择了化装舞会用的面具。因为面具代表了一场快乐聚会,既有盛情邀请的意思,又有热情释放的情绪,同时化装舞会也是较为时尚的聚会,可以暂时隐藏身份,尽情参与。其中许多功能元素与开业促销活动及产品内涵相似。舞会的面具外形特色明显,在公共环境中比较醒目,设计中可以尽情变化,适应力强。

▲ 嫁接了商品标志后的面具

▲ 图形变化后设计成促销卡片　　▲ 将变化元素设计在广告画中

图9-3 某女鞋品牌的营销物料设计方案

以上仅是平面设计层面的要点说明。对于学习广告材料与工艺的读者来说，除了满足这些要求，还要尽可能广泛地使用广告材料与制作工艺，完成尽可能丰富的物料用品。读者在前面已经学过了多种广告雕刻工艺、写真喷绘应用，还知道了许多适合于这些工艺的材料和扩展材料，比如雪弗板、亚克力、UV喷绘等。这在实用设计中非常有用。

商场物料的材料与工艺计划，需要详细了解商场物料的使用环境。对于商场商店，大致都会有以下几种应用。

（1）店外或大厅里的大幅广告，预先发放的宣传单或优惠卡。

（2）一些品牌店可能不是一个独立建筑或商场大厦，而是在一个综合商场的某层楼、某个位置，那就需要从商场外面到自己店里的沿途设置引导性广告，比如通道天棚上的吊旗广告，主要通道口或转角处的引导广告。

（3）店外的气氛、橱窗、门头和门口，店内的各种陈列、辅助道具等。

（4）也可能包括在公共环境的某个休闲区、大型动态广告屏等。

（5）有些可能还需要设计网页、手机图文、销售的附赠品和纪念品等。

上例的面具系列中主要应用了店内外的静态广告气氛，包括了橱窗、货架、陈列台、宣传卡等。应用到的材料可以有广告布、喷绘相纸、背胶贴、亚克力、雪弗板、双色板和KT板等。图9-4是部分制作形式和材料计划。

图9-4　部分制作形式和材料计划

图9-5是实物制作过程的照片。

▲ 橱窗中用的元素是用雪弗板雕刻后表面贴了黑色不干胶贴

▲ 15mm厚透明亚克力三维底纹，贴黑色3mm厚亚克力LOGO

▲ 雕刻牌制作完成的样子

▲ 宣传卡片

▲ 两层5mm厚白色亚克力雕刻后UV喷绘面具图案

▲ 5mm厚白色雪弗板镂空雕刻，LOGO贴黑色不干胶贴

▲ 待组合的雪弗板雕刻件

▲ 20mm厚白色雪弗板雕刻喷黄色自喷漆和银色自喷漆，中间立的是5mm厚透明亚克力三维刻字描金色

▲ 组合、分类、包装、发运

图9-5　实物制作过程

3. 纸媒广告平台上的一部分物料详情

图9-6是本教材引用案例目录册中的一部分物料产品，是一些具体物料的详情表。通过这些图示可以了解本纸媒广告服务平台的运营模式、设计风格和产品类型，每个产品都有该产品的通用名称、尺寸规格、材质工艺、建议价格和服务周期等。这里需要指出的是：价格会随着时间与地域发生变化，这里的建议价格只是为大家提供参考，进行横向比较。

极速名片
立等可取，1小时交付

商品代码	A001
商品规格	90mm×54mm
商品材质	名片专用纸
起订数量	1盒(100张/盒)

纸张	数量(盒)	单价/(元/盒)
300g/m²铜版纸	1	70.00
250g/m²专用特种纸	1	90.00

纸张详情请参考《名片目录册》

商业名片
超高性价比

商品代码	A002
商品规格	90mm×54mm
商品材质	名片专用纸
起订数量	2盒同版(100张/盒)

纸张	数量(盒)	单价/(元/盒)	工期/天
铜版纸	2	40.00	2
亚膜铜版纸	2	50.00	2
特种纸	2	60.00	3

纸张详情请参考《名片目录册》

精品名片
彰显形象，商人一等

商品代码	A003
商品规格	≤90mm×54mm
商品材质	专用特种纸
起订数量	2盒同版(100张/盒)

纸张	数量(盒)	单价/(元/盒)	工期/天
专用特种纸	2	360.00	7

纸张详情请参考《名片目录册》

纸杯
商务办公必备

商品代码	A004
商品规格	9盎司(250ml)
商品材质	淋膜纸
起订数量	500个

最佳性价比
138元/500个
工期12天

纸抽
经济实用的推广利器

商品代码	A005
商品规格	210mm×105mm×50mm
商品材质	250g/m²白卡(铜版内纸)
起订数量	1000盒(50抽/盒)

最佳性价比
2420元/1000盒
工期10天

宣传单
推广必需品

商品代码	A006
商品规格	210mm×285mm
商品材质	128g/m²铜版纸
起订数量	500张

展现
色彩绝美

03

广泛
应用广泛，宣传必备

宣传单
推广必需品

商品代码	A006
商品规格	210mm×285mm
商品材质	128g/m²铜版纸
起订数量	500张

最佳性价比
440元/1000张
工期3天

折页
掌中把握，内有乾坤

商品代码	A007
商品规格	210mm×285mm
商品材质	157g/m²铜版纸
起订数量	500张

最佳性价比
1020元/3000张
工期3天

图9-6

门型展架
新一代产品，让空间不再紧张

数量/个	单价/(元/个)	工期/天
1	300.00	1
10	260.00	1
50	240.00	2

- 商品代码 B014
- 商品规格 800mm×1800mm
- 商品材质 铝合金+画面
- 起订数量 1个

01 外观
适合各种展览销售会场、会议活动等

02 品质
做工精细、耐潮湿，可在户外使用

纸吊旗（含喷绘夹片）
宣传无处不在

- 商品代码 B018
- 商品规格 570mm×420mm
- 商品材质 200g/m²铜版纸
- 起订数量 50张

最佳性价比 1000元/100张 工期5天

01 宣传营造
宣传力度大，营造环境氛围

遮阳伞
户外宣传必备

- 商品代码 B024
- 商品规格 2400mm×2200mm
- 商品材质 牛津布+钢架+塑胶底座
- 起订数量 2把

数量/把	单价/(元/把)	工期/天
2	300.00	7
10	260.00	7
20	220.00	7

01 宣传
宣传效果持久、冲击力强

四角帐篷
户外活动首选

- 商品代码 B025
- 商品规格 3000mm×3000mm×3100mm
- 商品材质 钢架+牛津布
- 起订数量 1个

最佳性价比 600元/个 工期15天

01 宣传
企业户外推广、活动必备

注水刀旗
户外宣传，尽情展现

- 商品代码 B026
- 商品规格 3000mm×1600mm×600mm
- 商品材质 春亚纺
- 起订数量 5套（含旗杆和底座）

最佳性价比 400元/5套 工期5天

01 便捷
安装简单方便，户外宣传最佳的选择

02 品质
加厚PE软塑底座，注水8kg左右（可注水/砂）
冬季可注入醋少防止注水痕冻裂

扇子
送你清风一缕

- 商品代码 B030
- 商品规格 160mm×170mm
- 商品材质 PVC
- 起订数量 1000把

最佳性价比 700元/1000把 工期12天

01 宣传
方便实用，便于传播

02 环保
ABPP可再生塑料

耐用
独特铆钉设计，结实耐用

图9-6

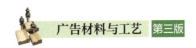

雨伞
展现企业形象

最佳性价比
500元/10把
工期8天

商品代码	B031
商品规格	880mm×1050mm
商品材质	碰胶布
起订数量	5把

气球
营造氛围必备

数量/个	单价/(元/个)	工期/天
500	0.50	7
1000	0.35	7
2000	0.33	7

商品代码	B032
商品规格	1.9g
商品材质	乳胶气球
起订数量	500个/袋

01 商务典范
企业宣传、地产销售、品牌连锁商务典范之作

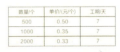
01 渲染氛围
靓丽的装饰色彩、烘托欢乐气氛、庆典必备

02 舒适
舒适的防滑手柄

优质
丝印技术、不易破色
4种颜色可选

02 安全可靠
优质乳胶材料

扑克
广告无处不在

商品代码	B033
商品规格	57mm×87mm
商品材质	中华白艺铜版300g/m²
起订数量	500副

充电宝
急人所急，常伴身边

商品代码	C002
商品规格	2500mA
商品材质	ABS塑料
起订数量	50个

数量/副	单价/(元/副)	工期/天
500	9.00	12
※1000	6.00	12
2000	4.00	12

标示"※"为最佳性价比定制数量

最佳性价比
1700元/50个
工期10天

01 宣传
独特心意表达，巧妙的企业和产品独一无二地展现

01 DIY
满足个性的需求

礼品
提升企业形象，馈赠佳品

手机壳
为您提供最贴心的保护

商品代码	C003
商品规格	iphone6/6s
商品材质	硅胶
起订数量	10个

IPAD壳
品牌融于科技

商品代码	C004
商品规格	ipad mini4
商品材质	硅胶
起订数量	10个

数量/个	单价/(元/个)	工期/天
10	50.00	3
50	45.00	3
100	40.00	5

数量/个	单价/(元/个)	工期/天
10	100.00	7
50	90.00	7
100	80.00	7

01 艺术
品位和个性的体现

样式
个性定制，满足企业及个人的不同需求

01 品味
展现企业个人独特品味

02

图9-6 目录册的部分物料产品

二、会议物料

1. 关于会议物料

会议是最常见的群体活动,有商业会议、非商业会议。商业会议有企业之间的会议,如新品发布会、招商加盟会、行业商会、订货会、新技术展示会、地区合作洽谈会等,有企业内部的会议,如管理会、销售动员会、各种培训会、表彰奖励会、综合活动会、年度会等。非商业会议包括政府机关、学校等非营利机构,有机构之间的会议,有机构内部会议。另外还有社会性聚会,如运动会、交流活动会、校友会之类。

除去一些简单的内部随机会议、常务会议外,很多比较正式的会议都需要会议物料,只要这个会议需要向与会者或社会公众展示形象、有广而告之的目的,或多或少就有物料展示需求。

较大型的会议场内可能要有座位标识牌、辅助广告屏、背景幕、会标、文具和其它会议用品等,有时还要有场外标志、会场导向、广告载体、与会人员标识,以及赠品、纪念品等。

会议除了类型的不同,规模也不同,有的小型新品发布会可能只需要相关单位的几个人参加,在一个小的会议室,需要的会议物料也相对较少,可能只有新品说明书、宣传单、文具和饮品,以及会场内包括会标、背景广告屏等品类,相对数量也很少。有的会议规模会很大,会场可能是礼堂、剧场、大型商场的共享大厅,也可能是专业的会展中心。如大型招商会,乃至商品展销会等,从会议当时的场地外围、会场周边和内部,到会议之前的新闻广告、招募活动,再到会后的媒体跟踪,需要的物料品类和数量都会很多。

而平时应用最多的,是几十人到几百人的规模,会议类型也以发布会、表彰会为多。

我们以一场中型新品发布会为例,用效果图来说明从场外到场内可能需要的物料品类。图9-7案例以会议现场需要的物料为主。

会场外景(含停车场区域)。图中物料品种和名称有:飘球条幅(图中右侧)、立式导向(中间草坪内)、路灯旗、立式水座广告牌和广告旗(左侧路沿两边)、车贴广告、充气拱门等

会场门外:立式刀形水座旗(水刀旗,图中左侧)、地面贴(门前地面)、门形展架(图中右侧)、引导员绶带、门楣横幅等

会场门外签到处：迎宾背景牌（顶棚）吊旗、X展架和门形展架（左侧两个）、引导员绶带（右侧第二人）、服务员服务牌（右侧第一人）、指示牌、纪念品、礼品、会议文具（桌面）等

会场内（主席台方向）：背景画广告（图中为拉网展架）、X展架（左侧）、地贴、桌边的礼品袋、座位牌、桌上水瓶贴、记录本、笔、窗式展架（座席右侧）、墙贴广告、吊旗（顶棚）

主席台上（表彰用）：投屏广告（两侧边）、讲桌广告、奖杯、锦旗、奖牌、证书

图9-7 会议现场需要物料的效果图

2. 会议物料的设计

从物料本身讲（就像前面提到的），并没有专门的分配给哪一种类型使用，会议物料中很多也不是会议专用，在其它场景中也可以使用，重要的是广告的承载方式和物料使用的设计。在表彰会议中使用的锦旗也不会仅仅用于表彰或表彰会，因此，会议物料本身的设计并不独特，商场物料甚至纸工艺中的某些产品，只要应用设计恰当，同样可以适用于会议。

那么，从会议物料的角度讲，其工作重点是成为会议计划所需求的、并可以搭载广告的物品，比如都需要什么、需要多少、如何设计和使用等。现在我们再假定一个中型聚会案例——退伍转业战友聚会，我们可以参照下面的流程。这是一次为客户定制的会议物料，客户不准备完全从目录册中选择，想要有一些独特表现。当然，具体落实到物品制作和实施，有些还是目录中所包含的形态，比如LED屏、手机图文、电子邀请函的格式等，但在印刷品上可能会有目录册中没有涵盖的尺寸、纸张、印刷形式等。不管怎样，先与客户沟通好是必须的。

（1）设定会议类型。在实际工作中为客户量身定做，先确定是什么会议（这里假定为战友聚会）。

（2）会议规模。比如，有多少人参加，要不要会议主持，要不要有表演或是与会者自己表演，要不要音乐，是需要乐队还是音响点播，以及以上设定是需要专业的、业余的、客串的还是要更高级别的，如电视台的专业人员和设备（这里假定100人左右，与会者自己主持，自己表演，无需专业服务）。

（3）会场选择。比如是茶话会形式、剧场舞台形式，还是婚庆餐厅形式，包括专业灯光和相关剧场工作人员等（这里假定为婚庆餐厅）。

（4）邀请形式。比如是否需要事前广告，是否要发放邀请函，是否要纪念品礼品之类的，要什么形式的（这里假定与会者自行邀请，但需要纸质和电子版邀请函、APP图文简介，要纪念品）。

（5）会场情况。是否需要场外导向、气氛广告（如拱门之类）、门前的表演队等。场内导向用品需要什么（如座位牌等），主席台方向场景需要什么（这里假定需场外拱门、餐桌三角牌、主席台方向大尺寸LED屏）。

（6）其他需要商定的内容。

为增加读者学习质量，本例按照特例设计，即按照假定方向设计，不直接在物料目录册中选择。按照上述内容，与客户进一步讨论更细的环节，细到具体物品样式和价格。我们按照上述假定为客户确定的物品明细如表9-1。

表9-1 客户确定的物品明细

序号	品名	规格	使用位置	数量	单价	备注
1	拱门	8m	会场门外	1	——	
2	纸质餐桌三角牌	120mm×300mm	餐桌上	20		内容不同
3	纸质邀请函（封袋，三折页，明信片）	封袋：100mm×240mm 三折页：折叠后80mm×220mm 明信片：邮局统一	到场发放	105		特种印刷
4	签名卡（表格）	三折页，尺寸同上	会后发放给每个人	105		合影后按人像位置填写并复印
5	纪念品三件套，帆布袋（记事本、纪念笔、保温杯）	记事本：大32开精装，印字钢笔，印字杯	到场发放	120		印字要特别设计
6	电子邀请函、APP图文、LED屏影像		提前10天			

根据这个目录表，在与客户更具体地落实设计细节后，就可以有第一批设计稿了。图9-8是客户同意的设计方案。

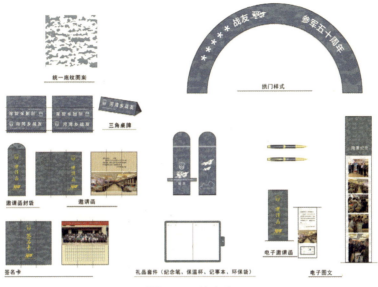

图9-8 设计方案

实际工作中，落实了这些设计方案后，可以首先在平台目录册中查找平台上有的产品，简化制作程序，只要把设计方案转移成已有产品就可以了。比如拱门，这是庆典公司代理的物料产品，一般拱门都是已有成品，且有多种颜色、规格、形式，这里设计的是空军迷彩色底，成品拱门一定没有。如果客户需求必须采用这种底色的话，就要与客户商定是否需要定制一个新拱门。这种可能一般不大，因为成本高，客户只使用一次。但可以考虑定制全色彩旗的工艺，就是彩旗喷绘，按照拱门气柱直径尺寸一分为二，喷制出前后两片，然后缝合起来，客户要求不高的话缝制成直筒即可，套在拱门上，充气后可能会像穿在身上的衣服袖子一样有一些横向的褶。也可以采用薄的彩旗布料，跨径较大的拱门，如8m跨径、筒径800mm，这样的尺寸套上彩旗布均匀打褶并不很难看，文字也可以直接喷在彩旗布上，充气后不会有明显的视觉影响。

物料中的另一些产品，如记事本、环保袋、三角桌牌，以及电子制作品、目录册也都包含有相应产品，但三角桌牌、邀请函、签名卡、记事本、环保袋和保温杯需要调整材质、尺寸和印制工艺，纪念笔和环保袋需要单独选购，等等。这样，本例会议物料就一一落实了，这个会议案例到此就完成了。

图9-9是平台上的另一些物料，会议上使用得多一些，但也不是会议专用。本教材只为尽可能多地列出平台图例，没有刻意计较物料分类的准确与否。让教学靠近真实，缩短学与用的距离，减少工作障碍，这也一直是本教材的编写目标。

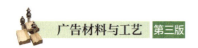

信纸
承载着公司的形象和信息

商品代码	A009
商品规格	210mm×285mm
商品材质	80g/m² 双胶
起订数量	10本(50张/本)

数量/本	单价/(元/本)	工期/天
10	30.00	8
50	10.00	8
100	8.00	8
500	7.00	10

01 特点
纸张手感舒适，书写流畅

信封
一个精美的信封，让企业品牌瞬间展现

商品代码	A010
商品规格	5号信封(西式)
商品材质	120g/m² 双胶纸
起订数量	100个

最佳性价比 400元/100个 工期10天

商务文件夹
提升品牌形象、商务人士首选

商品代码	A014
商品规格	245mm×320mm
商品材质	高级PU
起订数量	10本(12页计算纸+50张记事纸)

最佳性价比 980元/10个 工期7天

01 设计
人性化的设计，商务办公好材料好帮手

色彩
两种颜色可选
黑色 棕色

便签
随手记事，服务贴心

商品代码	A013
商品规格	100mm×140mm
商品材质	80g/m² 双胶纸
起订数量	50本(100张/本)

数量/本	单价/(元/本)	工期/天
✗ 50	8.00	5
100	6.00	5
200	5.00	5

标识"✗"为最佳性价比定制数量

01 彰显形象
统一办公用笔，提升归属感

笔记本
追求高端，品味生活

商品代码	A015
商品规格	215mm×145mm
商品材质	高档PU皮
起订数量	10本(128张/本)

数量/本	单价/(元/本)	工期/天
10	60.00	7
50	35.00	7
100	30.00	7

01 定制
PU压印效果清晰
更适合企业定制制造一企业形象

4种颜色可选
墨绿 深海蓝 商务棕 橙黄色

手提袋
商务活动必备

商品代码	A020
商品规格	320mm×250mm×90mm
商品材质	250g/m² 白卡
起订数量	100个

最佳性价比 940元/100个 工期10天

01 提升品牌形象
企业品牌宣传及产品的包装

第三部分 纸媒广告 3

无纺布袋
环保、可重复利用，使广告更持久

- 商品代码：A021
- 商品规格：350mm×250mm
- 商品材质：无纺布(80g/m²)
- 起订数量：100个

最佳性价比 300元/100个 工期12天

01 传播 高效的广告载体，可重复利用
02 环保 绿色环保，可水洗，更轻便耐用 使用寿命长达5年

工作证（挂绳版）
公司用品和身份认证

- 商品代码：A022
- 商品规格：91mm×67mm
- 商品材质：PVC(片材)
- 起订数量：10套(含内芯+挂绳)

数量/套	单价(元/套)	工期/天
10	10.00	1
※ 50	8.00	1
100	6.00	1

标示"※"为最佳性价比定制数量

01 彰显形象 提升企业形象

02 品质 透明度高，表面完整 做工精细 加厚加硬 4种颜色可选 米白 黄色 蓝色 黑色

企业徽章
时尚、个性、意义深远

- 商品代码：A024
- 商品规格：30mm×30mm
- 商品材质：滴胶
- 起订数量：50个

数量/个	单价(元/个)	工期/天
※ 50	10.00	8
100	6.00	8
200	5.00	8

标示"※"为最佳性价比定制数量

01 意义 代表着一个公司的形象，表现企业魅力的内在

02 品质 滴胶工艺 耐水耐化学腐蚀，透明效果好

工位牌
提升企业形象，迅速身份识别

- 商品代码：A026
- 商品规格：72mm×25mm
- 商品材质：亚克力(材质)
- 起订数量：10个

最佳性价比 600元/100个 工期1天

01 简约 时尚 简约的封面 线条设计，实用性更强 透明度100%

02 独特 磁性吸附偏离方便 不损伤衣物
便捷 两面凹槽设计 更换更为便

领带
统一着装形式，展现企业形象

- 商品代码：A028
- 商品规格：1500mm×80mm
- 商品材质：涤丝
- 起订数量：10条

数量/条	单价(元/条)	工期/天
10	68.00	10
50	58.00	10
100	48.00	10

01 量身定制 个性定制，彰显企业形象

02 刺绣 刺绣精细，做工精巧，水洗不褪色

02 面料 选材精良多样，专业成就品质 3种颜色可选 深蓝 银灰 黑色

邀请函
提升品质优质感

- 商品代码：A033
- 商品规格：190mm×130mm
- 商品材质：300g/m²特种卡纸
- 起订数量：10个(含内芯)

数量/个	单价(元/个)	工期/天
10	15.00	1
※ 50	12.00	1
100	10.00	1

标示"※"为最佳性价比定制数量

01 彰显 企业形象、实力、诚意的展示 镂空出的logo位置更使它的标志更加引人注目，彰显细节品质

02 创意 一些与众不同的邀请函

03 品质 做旧工艺与品质的完美结合 颜色 4种颜色可选 深蓝 咖啡 红色 金色

131

签到簿（附赠签到台和签字笔）
快速收集来宾信息

商品代码	A034
商品规格	340mm×245mm
商品材质	300g/m²特种卡纸
起订数量	1套

数量/套	单价/(元/套)	工期/天
1	80.00	1
10	70.00	1

01 展现
低调内敛至奢华、典档

容量
蓝色无格内页可写170人

02 买一赠三
金色签到架2支
涂油厚实，不易掉色
签到台1个
纸张紧密，三角底站牌牢

颜色
深蓝 红色 两种颜色可选

三角桌牌
商务会议必备

商品代码	A035
商品规格	200mm×100mm×70mm
商品材质	300g/m²铜版纸
起订数量	10个

数量/个	单价/(元/个)	工期/天
10	10.00	1
50	7.00	1
100	5.00	1

01 展现
展现独一无二最尊贵会议必备器
300g/m² 铜版纸

02 质量
纸张紧密，三角底站牌牢
封面采用防摔塑材

绶带
活动、庆典必备

商品代码	A040
商品规格	130mm×1800mm
商品材质	复合尖丽
起订数量	5条

最佳性价比 260元/10条 工期3天

01 传播
礼仪、展示、庆庆

荣誉
企业、组织、团队荣誉的证明

02 高品质
水洗不掉色
可以长期使用保存长、耐用

桌卡
一目了然，更换方便

商品代码	B002
商品规格	200mm×100mm
商品材质	亚克力+157g/m²铜版纸
起订数量	10套(含内芯)

最佳性价比 160元/10套 工期1天

01 呈现
完美展现，促进沟通

02 外观
简约时尚，美观大方

质感
晶莹剔透，一目了然

臂贴
活动、汇演

商品代码	B003
商品规格	80mm×80mm
商品材质	不干胶
起订数量	10个

数量/个	单价/(元/个)	工期/天
10	4.00	1
50	3.00	1
100	2.50	1

01 广泛
各类商业活动必备

02 便捷
易贴易撕，使用方便

呈现
视觉冲击，易于传播

卡式U盘
艺术与科技的结合

商品代码	C005
商品规格	8GB
商品材质	ABS塑料
起订数量	50个

最佳性价比 1700元/50个 工期10天

01 定制
独一无二的企业宣传名片

原装进口芯片
采用国际通用标准USB接口

图9-9 平台上的另一些物料

本课小结

　　这一课以实例讲解了两个内容，商场物料和会议物料。补充强调一下，从物料本身讲，并不是说物料只有这两种类型，而是物料的两种使用示范，学习的时候需要灵活把握。从复习的意义说，广告材料与工艺永远需要有社会实践，这种实用型课程不能像哲学那样过于等待课堂，即便有很多实物案例搬到教室里，也缺乏它们的应用环境依托，不能生动全面地看见它们的真实价值。

拓展实训

（1）去商场考察。最好与商场的广告宣传或企划部门取得联系，可以假定一次商业活动，或者直接参与商场的活动计划，用本课的知识作基础，尝试设计这次活动的物料。如果有商场的真实活动，就主动参与其中，接受指导，那将是一次非常好的实践过程，会使很多从课堂学来的知识得到检验、补充、修正和落实。

（2）参与一次中型会议的物料设计。如果有真实的会议更好，最好是课堂上没有直接示范过的，还可以是一场婚礼。事实上婚礼现场的物料设计很有社会普遍意义，好的婚礼物料设计可能会有更多机会被认同。例如婚庆公司，网上也有很多素材库，有专门的婚庆场景和物料设计选项，读者可以参考其中成熟的作品，了解当下流行的设计风格和需求点，尝试设计可以被认可的方案。或许可能成为网上设计师，体验另一种创业成就。

▶ 名片绘制 ◀

▶ 信封绘制 ◀

▶ 纸杯绘制 ◀

▶热转印手机壳◀

▶热转印鼠标垫◀

附 行业认知补遗

在广告制作领域，大到产业和工程，小到名片和文具，其中实用技术、产品、专业设备及材料等范围还很广泛，要想通过一本书讲完全部是不切实际的。我们力求让课程内容尽量丰富，知识全面，课程系统完整，符合教学规律，比如有些内容在实践中十分常用，却又难以系统列入前面的课程，我们在此一并补遗，帮助学习者尽可能地开阔行业视野。

▶ 广告吸塑字 ◀

▶ 金属字 ◀

▶ 标识 ◀

参考文献

[1] 普费弗. 国际新锐平面创意设计[M]. 陈静,谢海田,何美婧,译. 北京:中国青年出版社,2006.

[2] 原研哉. 设计中的设计[M]. 纪红红,译. 南宁:广西师范大学出版社,2010.

[3] 王受之. 白夜北欧:行走斯堪的纳维亚设计[M]. 哈尔滨:黑龙江美术出版社,2006.

[4] 陆红阳,李明伟. 现代设计学校[M]. 南宁:广西美术出版社,2000.

[5] 赵国志. 色彩构成[M]. 沈阳:辽宁美术出版社,1989.

[6] 王亚非. 平面设计实用手册[M]. 沈阳:辽宁美术出版社,2001.